dtv

Wir leben in einem revolutionären Zeitalter. Es finden gewaltige politische, wirtschaftliche, ideologische und kulturelle Umwälzungen statt. Wenn wir unsere Maßstäbe und Werte erhalten wollen, dann müssen wir uns damit auseinandersetzen. Und wir müssen dafür sorgen, dass zentrale Kriterien für ein demokratisches Staatswesen erhalten bleiben. Der Staat muss seine Aufgaben erfüllen: für die Sicherheit der Bürger sorgen, damit sie ein Leben in Freiheit führen und sich dem »Streben nach Glück« widmen können, wie es schon die Erfinder der modernen Demokratie gefordert haben. Der Staat schafft sich jedoch selbst ab, wenn er die Sorge für ihre Sicherheit den Bürgern selbst überlässt. Das ist der Kern der Forderung, mehr Zivilcourage zu zeigen. Denn »angewandte Zivilcourage ist eine Variante der Selbstjustiz« und verlagert Konfliktlösungen vom Parlament auf die Straße. Auf dieser provozierenden These baut Michael Wolffsohn seine Streitschrift auf.

Michael Wolffsohn, Prof. Dr., geb. 1947 in Tel Aviv, stammt aus einer deutsch-jüdischen Familie, die 1939 nach Palästina fliehen musste. Seine Eltern kehrten 1954 nach Deutschland zurück. Von 1981 bis 2012 war er Professor für Neuere Geschichte an der Bundeswehruniversität München. Michael Wolffsohn veröffentlicht regelmäßig in nationalen und internationalen Medien und hat über 30 Bücher vorgelegt, unter anderem ›Wem gehört das Heilige Land?‹ (13. Aufl. 2015), zuletzt: ›Zum Weltfrieden. Ein politischer Entwurf‹ (2. Aufl. 2015)

Michael Wolffsohn

Zivilcourage

Wie der Staat seine Bürger im Stich lässt

dtv

Ausführliche Informationen über
unsere Autoren und Bücher
www.dtv.de

Von Michael Wolffsohn bei <u>dtv</u>:
Zum Weltfrieden. Ein politischer Entwurf (<u>dtv</u> 26075)

Dieses Buch ist auch als E-Book erhältlich.

Originalausgabe 2016
2. Auflage 2016
© 2016 dtv Verlagsgesellschaft mbH & Co. KG, München
Das Werk wurde vermittelt durch die Literaturagentur
Dirk Rumberg, Ultreya GmbH
Umschlaggestaltung: dtv
Gesamtherstellung: Druckerei C.H.Beck, Nördlingen
Gedruckt auf säurefreiem, chlorfrei gebleichtem Papier
Printed in Germany · ISBN 978–3-423–34885-0

Inhalt

I Tödliche Zivilcourage

Das Salz der Erde ist segensreich. An sich. Eine Überdosis Salz kann tödlich sein. Mit einem Küchenmesser kann man Feinstkost zubereiten – aber auch Menschen töten. Zivilcourage ist eine Tugend. Ohne Wenn und Aber. Leider kann Zivilcourage auch tödlich oder selbstmörderisch sein.

Der Aufruf von Politik, Polizei, Gesellschaft, Erziehern und medialen Volkspädagogen, man möge »Zivilcourage zeigen«, kommt letztlich einem Aufruf an die Bürger gleich, Leib und Leben zu riskieren. In bester Absicht treibt dabei »der« Staat, überspitzt ausgedrückt, seine Bürger in den Selbstmord.

Lang und länger wird die Opferliste der Zivilcourage. Im Jahre 2014 war es Tuğçe Alabayrak. Die junge, mutige deutschtürkische Studentin Tuğçe wollte jungen Frauen helfen, die von Männerpack belästigt wurden. Das Männerpack wurde dann zum Mordpack. Tuğçe war ihr Opfer.

Das Täter-Opfer-Klischee sah bis zur Silvesternacht in Köln so aus: Der (natürlich) rassistische Täter ist dumm, dumpf, teutonisch, nazistisch und auf jeden Fall »weißer«, inländischer Herkunft. Das Opfer oder dessen Vorfahren sind fremdstämmig, gegebenenfalls schwarz und meistens semitisch. Jüdisch-semitisch oder arabisch-semitisch, muslimisch, aber keinesfalls deutsch. Heilige Einfalt. Richtiger: unheilige Einfalt.

Blicken wir ein paar Jahre zurück. Am 2. Oktober 2000 wurde ein Brandanschlag auf die Düsseldorfer Synagoge verübt. Wie in Deutschland aus historischen Gründen naheliegend, richtete sich der Verdacht sofort auf deutsche Rechtsextremisten. Zwei Tage danach bekundete Bundeskanzler Gerhard Schröder seine Betroffenheit nicht nur mit Worten. Er begab sich an den Tatort, wo er – Politiker müssen reden – dann aber doch das Wort als Waffe der Anständigen benutzte. Gegen jene Unanständigen, die Brandstifter der Synagoge (unausgesprochen: gegen diese altneuen deutschen Nazis) sei ein »Aufstand der Anständigen« nötig.

Es ist absolut lobenswert, in Wort und Tat gegen Nazis aufzutreten. Aber nicht alle Verbrechen dieser Art, auch nicht in Deutschland, werden von Nazis, alt oder neu, verübt. Damals waren die schnell gefassten und geständigen Täter Muslime. Der eine deutscher Staatsbürger marokkanischer Herkunft, der andere Palästinenser aus Jordanien. Beide wollten an deutschen Juden (fernab vom nahöstlichen Schuss) Rache für Israels Militäraktionen üben. Ihre »Nazis« waren und sind Juden. Historisch absurd, aber politisch wirksam. Wie man weiß, nicht nur unter solchen Brandstiftern.

Als Gerhard Schröder zum »Aufstand der Anständigen« aufrief, kannte er den oder die Täter noch nicht. Dennoch benannte der gelernte Jurist den wahrscheinlichen Täterkreis. Das war unklug, aber politisch opportun. Es war ein wahrscheinlicher Täterkreis, aber eben kein realer. Es war ein Klischee, das hier reproduziert wurde. Ein Klischee bestimmte im Februar 2013 auch das Denken des damaligen deutschen Botschafters in Israel, Andreas Michaelis. In seinem Grußwort zu einem Kongress über die Geschichte der Juden in der Bundesrepublik Deutschland an der Universität Tel Aviv stellte er den im August 2012 von Islamisten in Berlin verübten Anschlag auf Rabbiner Daniel Alter und seine siebenjährige Tochter in die Kontinuität nationalsozialistisch-deutscher Geschichte. »Nie wieder!« … Dankbar registrierten die israelischen Zuhörer: Danke, Deutschland, dass Nazis verdammt und gejagt werden. Ja – aber auch diese Täter waren keine deutschen Nazis, sondern Islamisten. Sie bekämpften das neue, humane Deutschland und Juden gleichermaßen.

Anders als der Kanzler im Jahre 2000 wusste 2013 der Botschafter genau, wer die Täter waren. Aber sie passten nicht in sein Klischee, und politisch opportun(istisch) schien ihm selbstkritische Inbrunst angebracht. Ich hielt den Eröffnungsvortrag und hatte so die Gelegenheit, den politisch, aber leider nicht sachlich korrekten Botschafter korrigieren und mahnen zu können. Er stieg bald danach höher auf der Karriereleiter und wurde 2015 für seine Verdienste mit der Leitung der Politischen Abteilung des Auswärtigen Amtes belohnt. Fehldiagnosen mögen nicht der Karriere schaden, wohl aber der Therapie. Mit falschen Diagnosen kann man keine erfolgreiche Therapie einleiten. Das gilt nicht nur für Juden und in Deutschland. Wer Klischees für Diagnose hält, wird gesellschaftliche und politische Krankheiten nicht heilen, weil ein Klischee und als Klischee ist jedes Klischee falsch. Nie gibt es die Wirklichkeit wieder, es spiegelt eine falsche vor. Und doch hat fast jedes Klischee, auch dieses, seinen Ursprung in der Wirklichkeit. Die Wirklichkeit dieses Klischees ist der revolutionäre, also die Wirklichkeit fundamental verändernde Übergang von der einst vergleichsweise einheitlich nationalstaatlichen Gesellschaft zum Vielvölkerstaat. Wir können deshalb das Thema »Zivilcourage in Gegenwart und Zukunft« nicht von der demografischen (bevölkerungspolitischen) Revolution trennen.

Das Klischee traf weder im Falle Tuğçe Alabayrak noch Dominik Brunner zu. Dominik Brunner hatte im September 2009 auf dem S-Bahnhof des Münchner Nobelviertels Solln vier Schüler vor anderen Jugendlichen schützen wollen. Die Angreifer wandten sich schließlich ihm zu. Er wurde ermordet. Die Totschläger des Dominik Brunner waren blutjunge »Weiße« (ein Markus und ein Sebastian, kein Hassan oder Achmed), die Deutschtürkin Tuğçe wurde von Jugendlichen ausländischer Herkunft getötet. Der gebürtige Ghanaer Kofi A. wollte in Berlin eine Mutter und ihre Tochter vor böllernden jungen Männern beschützen. Daraufhin traten ihn zwei junge Männer namens Oliver und Marcel nieder. Jetzt geht er an Krücken. Das war der »Lohn« für seine Zivilcourage.

Woraus wir lernen: Brutalität, Aggressivität, Dummheit und Vorurteile gibt es leider überall und immer, in jeder Gruppe. Es gibt daher weder »die« guten noch »die« schlechten Deutschen, Ausländer, Weißen, Schwarzen, Gelben, Christen, Juden, Muslime. Es gibt nur den oder die Einzel-Guten oder -Schlechten.

Dies festzuhalten ist wichtig, denn unausgesprochen schwingt beim Appell an Zivilcourage immer mit, dass die Aggressoren »weiße« Inländer sind. Das ist oft, aber eben nicht immer der Fall. Ebenso wie es richtig ist, dass derzeit die meisten Terroristen Muslime, aber gewiss nicht alle Muslime Terroristen sind. Die Pauschalisierung von Tätern und Opfern ist falsch, dumm und, am schlimmsten, gesellschaftspolitisch schädlich, weil jedes scheinbar beweisende Beispiel für gute oder schlechte Gesinnung mühelos durch ein Gegenbeispiel entkräftet werden kann. Pauschalisierer machen sich unglaubwürdig. Sie sind unglaubwürdig.

Unverdrossen ermuntert in Bayerns gewiss braver Hauptstadt München der Polizeipsychologe die Bürger, »Zivilcourage« zu zeigen. Landauf, landab dominieren diese scheinklugen Empfehlungen. »Tipps für mehr Zivilcourage« bietet jedes Blatt oder jeder Blog an, der etwas auf sich hält. Die Zivilcourage-Industrie boomt, »Kurse und Workshops für mehr Zivilcourage« haben Konjunktur.

Keiner wird behaupten wollen, Dominik Brunner habe sich 2009 geopfert, weil er Gerhard Schröders Aufruf zum Aufstand der Anständigen aus dem Jahre 2000 befolgen und verwirklichen wollte. Er hatte aber den Geist jenes Aufrufs verstanden, verinnerlicht und umgesetzt. Bis zur letzten Konsequenz, an die der Wortschöpfer und Staatslenker offenbar nie gedacht hatte. Wenn man auf diese Weise zum Aufstand anfeuert, befeuert man, zu Ende gedacht, Bürgerkrieg. Jeder kann zu den Waffen greifen. Staatliches Gewaltmonopol? Das war einmal. Wohlgemerkt, zu Ende gedacht. Ganz so weit sind wir trotz der Kanzler-Schröder-Torheit nicht.

Nach seinem Tod erhielt der ermordete Schutzengel Dominik Brunner zahlreiche Auszeichnungen für seine Zivilcourage. Gleiches erwartete – nach ihrem Tod – Tuğçe Alabayrak.

Der Deutsch-Türke Yavuz Yer ist diplomierter Volkswirt, Sohn von (damals nannte man sie so) »Gastarbeitern« aus Anatolien. Er wohnt und arbeitet an einem der sozialen Brennpunkte Berlins: im Wedding. 2007 machte er seine eigenen Erfahrungen mit dem Thema Zivilcourage. Eines Tages stieß er, als er aus der Küche seines Büros kam, auf einen Mann offensichtlich arabischer Herkunft. Als er ihn fragte, was er da wolle, verließ der Mann fluchtartig den Raum. Im Nebenzimmer war aber noch jemand. Was der andere dort wollte, war Yer gleich klar. Dort war der Tresor. Yer stürmte in den Raum, warf den Einbrecher nieder, drückte ihm das Knie in den Rücken und rief die Polizei. Als die Polizisten kamen, übergab er ihnen den Mann und wollte Anzeige erstatten. Die Anzeige wurde nicht aufgenommen, denn es war ja nichts geraubt worden. Stattdessen fragten die Polizisten den Einbrecher, ob er nicht gegen Yer Anzeige wegen Freiheitsberaubung und Amtsanmaßung erstatten wolle. Sie berieten ihn ausdrücklich, denn er hatte offensichtlich keine Ahnung, was Amtsanmaßung ist. Zwei Wochen später bekam Yer eine Anzeige. Sie wurde in Moabit verhandelt. Der Richter war einsichtig, teilte aber mit, er müsse aus formalen Gründen eine Strafe wegen Amtsanmaßung verhängen. Man einigte sich auf eine Spende von € 800 für wohltätige Zwecke. Zur »Belohnung« galt Yer dann nicht als vorbestraft. Seitdem klärt er vergleichbare Situationen ohne Polizei. Auch Yavuz Yer hatte die Aufforderung von höchster staatlicher Stelle ernst genommen. Er wagte keinen »Aufstand«, aber er zeigte Zivilcourage – und brach auf diese Weise das Gewaltmonopol des Staates. Dafür wurde er bestraft. Bei diesem Fall hat niemand körperlich Schaden genommen, aber er enthält dennoch eine wichtige, weil grundsätzliche Lektion: Wenn der Staat seine Bürger zur Zivilcourage aufruft, will er sie zu moralisch überzeugendem Handeln verleiten. Ein solches moralisch überzeugendes Handeln kann jedoch – absurdes Theater – zum Bruch staatlicher Gesetze und damit zu einer Bestrafung führen. Der Staat gibt faktisch sein Gewaltmonopol preis. Er erlaubt eine Atomisierung der Gewalt, in der letztlich jeder gegen jeden kämpft. Gleichzeitig beharrt er formal auf seinem Gewaltmonopol und bestraft couragierte Bürger, die das ausführten, was der Staat nicht konnte. Verkehrte Welt.

Ich bewundere und verehre Menschen wie Dominik Brunner, Tuğçe Alabayrak oder Yavuz Yer. Sie sind Helden der Menschlichkeit. Ich wage und belege aber eine ketzerische These: Diese Helden der Menschlichkeit sind nicht nur Opfer von Unmenschen, sondern auch von wohlmeinenden Gutmenschen, die immer wieder von den Bürgern Zivilcourage fordern und sie – ungewollt, versteht sich – in Gefahr bringen oder quasi in den Selbstmord treiben.

Wachsamkeit, Hilfsbereitschaft, Hilferufe – ja und ja und ja. Zivilcourage als »Aufstand« durch wen auch immer – nein, weil lebensgefährlich. Nehmt nicht dem Kaiser ab, was des Kaisers ist, sondern verpflichtet den Staat zu dem, was des Staates ist: der Schutz seiner Bürger nach innen und außen.

Ja, es gibt auch Gegenbeispiele, die glücklich ausgingen. Scheinbar widerlegen sie meine These. Im August 2015 plante der marokkanische Islamist (Stichwort »Vielvölkerstaaten in Europa«) Ayoub El Khazani im Thalys-Schnellzug zwischen Paris und Amsterdam ein Blutbad unter den Fahrgästen. Sechs von ihnen stürzten sich beherzt auf den (nachher Terrorabsichten bestreitenden) jungen Mann und überwältigten ihn. Flugs wurden die zivilcouragierten Retter ideell belohnt. Frankreichs Präsident Hollande verlieh ihnen die höchste Auszeichnung der Republik. Sie wurden Ritter der Ehrenlegion. Wortreich pries das Staatsoberhaupt ihre wirklich heldenhafte Tat und ihre vorbildliche Zivilcourage. »Unglücklich das Land, das Helden nötig hat«. Wir kennen diesen klassischen Satz aus Bert Brechts ›Leben des Galilei‹. Der »Sozialist« Hollande hat ihn offensichtlich vergessen oder nicht gekannt. Ja, bedauernswert ist ein Staat, der Helden braucht, um staatliche Aufgaben zu erfüllen, die er nicht leisten kann oder will.

Die passende präsidiale Hymne Hollandes konnte nämlich nicht die bedenkliche Tatsache überzuckern, dass Fahrgäste, ebenso wie Bürger, Schutz durch den Staat suchen und stattdessen nur staatsmännische Worte bekommen. Hier wurden Bürger – übrigens drei Amerikaner, zwei von ihnen Soldaten, und ein Brite – aktiv, wo eigentlich der Staat als Staat an sich gefordert ist: beim Schutz der Bürger nach innen und außen.

Genauer betrachtet war dieses Vorbild für Zivilcourage weder rein zivil noch ein wirkliches Vorbild für Zivilisten. Kampfentscheidend gegen den Islamisten waren die beiden US-Soldaten. Als Soldaten und weil sie Soldaten waren, zumal ausländische, demonstrierten diese wirklich mutigen und vorbildlich uneigennützig handelnden Amerikaner die Machtlosigkeit der eigentlich Zuständigen, also der französischen Sicherheitspersonen und -institutionen. Diese Courage war Militärcourage, nicht Zivilcourage. Welche und wie viele Zivilisten haben die Kraft, Ausbildung und Jugendlichkeit dieser tapferen Männer? Schwächere und ältere Zivilisten werden diesem VORbild beim besten Willen nicht NACHeifern können.

Unverzüglich begann eine internationale Diskussion darüber, wie nicht nur Flugzeuge und Flughäfen gegen Terroristen zu schützen seien, sondern auch Züge und Bahnhöfe. Wie üblich forderten die einen mehr Staat für Sicherheit bzw. mehr Sicherheit durch den Staat, während die anderen genau wussten, dass dies unerreichbar sei. Ausnahmsweise waren kaum Stimmen zu vernehmen, die vor einem »Polizeistaat« in Frankreich oder sonst wo in Westeuropa warnten.

Ein anderes, diesmal außereuropäisches Gegenbeispiel: Am 3. September 2015 hatten sich fünf US-Juden im palästinensischen Hebron verfahren. Sie wollten am »Grab der Stammväter Abraham, Isaak und Jakob« beten und gelangten in einen von besonders vielen Extremisten bewohnten Bezirk jener ohnehin eher extremistischen Stadt. Mit ihren Schläfenlocken und Bärten waren sie unschwer als Juden erkennbar. Ein Mob von etwa einhundert palästinensischen Jugendlichen fiel über sie her und wollte sie lynchen. Von seiner Wohnung sah das der 53-jährige Fayez Abu Hamdiyeh. Ohne selbst in den Kampf einzugreifen, lotste er die fünf Juden in seine Wohnung und rief von dort die Polizei. Die Juden waren gerettet. Ihr Retter war Palästinenser. Er hatte schnell reagiert, die israelische Polizei aber ließ 45 Minuten auf sich warten. Ein Zivilist aus dem »Feindes«-lager hatte Courage gezeigt, keinen Aufstand gewagt, aber Menschlichkeit durch Hilfsbereitschaft.

Blutig, mehrfach tödlich, endete im Oktober 2015 der Überfall eines israelischen Beduinen auf dem Busbahnhof der israelischen Wüstenstadt Beer Schewa. Er entriss einem Soldaten das Gewehr und feuerte wild um sich. Der 19-jährige Soldat wurde getötet und neun Zivilisten wurden zum Teil schwer verletzt. Den Terroristen erschossen bewaffnete Bürger. Angeschossen am Boden lag auch ein Gastarbeiter aus Eritrea. Ihn hielten die Umherstehenden, darunter zwei Justiz(!)vollzugsangestellte, für einen Komplizen des Terroristen. Ihrer späteren Aussage zufolge hatte sich der Niedergeschossene, obwohl verletzt, verdächtig offensiv bewegt. Sie hätten sich an Präzedenzfälle erinnert, bei denen Palästinenser-Terroristen, obwohl angeschossen und scheinbar wehrlos, jüdische Passanten erschossen hätten. Vergleichbares hätten sie verhindern, nicht jedoch Selbstjustiz üben wollen. Der illegal in Israel lebende Eritreer war Opfer eines Lynchmords. Daran besteht kein Zweifel. Doch war dieser Lynchmord wirklich brutale jüdische Selbstjustiz oder ein Akt jüdischer Selbstverteidigung bzw. jüdischer Bürgermut, also Zivilcourage? Hinterher weiß man, dass es objektiv, rechtlich gesehen, Selbstjustiz war. War das nun Ersichtliche aber auch wirklich vorhersehbar? Nein. Subjektiv mag die Bürgerjustiz tatsächlich Bürgermut gewesen sein.

So oder so: Der Mann aus Eritrea wurde von denen ermordet, die sich für anständig hielten und meinten, Zivilcourage zu zeigen. Tatsächlich wurden sie Mörder oder (was gilt hier juristisch?) Totschläger. Wäre der Eritreer wirklich ein Terrorist gewesen, hätten dann fast alle von Zivilcourage gesprochen und dieses Vorgehen als präventive Notwehr interpretiert – auch die Vertreter des (in diesem Falle) israelischen Staates, der seine Bürger ständig zu Wachsamkeit und gegebenenfalls Notwehr aufruft? Nun mussten sie eben diese Bürger vor Gericht stellen. Unverzüglich wurde ein Israeli angeklagt und verlor seine Arbeit. Diese Begebenheit macht die ethische und praktische Mehrbödigkeit von Zivilcourage, Justiz und Selbstjustiz deutlich.

Wie so oft, gilt es einzuschränken: Selbst wenn jener Eritreer Terrorist gewesen wäre, hätte es keinerlei Rechtfertigung dafür gegeben, einen am Boden Liegenden zu lynchen. Lynchen kann nie Zivilcourage sein. Gewiss. Und wieder ein Aber: Angewandte Zivilcourage ist eine Variante der

Selbstjustiz. Sie kann zur Gewaltanwendung führen. Jede Gewaltanwendung kann allerdings ihre Eigendynamik entfesseln und in mörderische Gewalt umschlagen. Siehe Beer Schewa, Oktober 2015. Wie sagte doch schon Schiller? »Wo rohe Kräfte sinnlos walten,/Da kann sich kein Gebild gestalten,/Wenn sich die Völker selbst befrein,/Da kann die Wohlfahrt nicht gedeihn.« Sogar der israelische Staat, der extrem sicherheitsfixiert und -bezogen ist, war in diesem Fall überfordert. Sicherheit ist aber gefordert. Nicht »Staatssicherheit« als Sicherheit des Staates vor dem Bürger, sondern Sicherheit der Bürger durch den Staat, konkret durch die Polizei und andere Sicherheitsbehörden, also Staatsmacht. Doch Staatsmacht ist gerade in Deutschland eher verpönt. Aus gutem und bekanntem Grund. Staatsmacht war in Deutschland lange übermächtig, im Westen bis 1945, im Osten bis 1989. Das lag nicht nur an den braunen und dann roten Henkern, sondern auch an manchen deutschen Denkern im 19. und 20. Jahrhundert. Sie erhöhten, sie überhöhten den Staat zum Götzen, und der Bürger war eben nicht Citoyen, im Sinne eines einsatzfreudigen Mitentscheiders und Mitgestalters, sondern »Der Untertan«, auch ohne Heinrich Manns Roman-Karikatur.

Ein neues Deutschland konnte, wollte und sollte den Staat ganz bewusst eben nicht wieder zum Götzen erheben. Folgerichtig ist staatliche Sicherheit, Staatssicherheit, ist auch die Polizei nicht mehr »dein Freund und Helfer«, sondern »Bulle«. Sie ist auch deshalb »Bulle«, also Feind, weil das freundschaftlich helfende Polizei-Bild zwar in der Weimarer Republik eingeführt, doch erst im Dritten Reich richtig publik wurde. Da war die Polizei weder Freund noch Helfer, sondern Henkershelfer. Sie fasste Gemüsediebe und ließ die Massenmörder gewähren. Quantitativ war das in der

DDR anders, doch qualitativ, funktional nicht. Sicherheit war und blieb zuerst und vor allem Staatssicherheit. Sie bot den willfährigen Bürgern freilich Sicherheit, weil Gewalt knallhartes Staatsmonopol war.

Darauf aus braun-rotem Doppelgrund zu verzichten, ist Teil der deutschen Staatsräson. Der Staat an sich hat, seine Institutionen und Personen haben ihre Autorität verloren. Eine irgendwie geartete Distanz zur Polizei gehört in Bundesdeutschland zum guten Ton.

Rechtsextremisten nutzen das entstandene Machtvakuum vornehmlich im deutschen Osten für rechtsfreie, »national befreite« Zonen, Linksextremisten und Chaoten haben ihre rechtsfreien Räume. Die Polizei rufen weder die einen noch die anderen freiwillig. Mit vereinten Kräften schwächt diese Koalition der Gegensätze den Staat als Staat. Nicht nur die staatlichen Institutionen und Personen, auch Wissenschaft, Medien, sogar die religiösen Institutionen und Personen. Darunter leidet auch die Sicherheit der Bürger vor den Bürgern – nicht mehr vor dem Staat, denn der ist zahm. Zu zahm, um Sicherheit für Leib und Leben seiner Bürger zu gewährleisten.

Weil der Bürger nicht mehr an die Autorität des Staates glaubt, ihm nicht mehr vertraut, will er ihm so wenig Macht wie nur irgend möglich und nötig anvertrauen. Wer will dann noch für eine staatliche Sicherheitsinstitution wie Polizei oder Geheimdienst arbeiten? Die Wenigsten und nicht immer die Besten, zumal diese aus einer nur kleinen Zahl von Menschen rekrutiert werden, die überhaupt dazu bereit sind. Wie soll der Staat unter diesen Umständen Sicherheit garantieren?

Zivilcourage ist etwas Vortreffliches. Sie reicht aber nicht, um diese Lücke zu füllen. Irgendwann greifen die Bürger zur

Waffe, wenn der Staat keine oder nur unzureichende Sicherheit gewährt oder gewähren soll, wie das in den USA schon immer Tradition ist. Dort war der Staat nie Götze, sondern Dienstleister und dabei keineswegs allmächtig. Er sollte es auch nicht sein. So wollten es die Gründungsväter. Sie haben es zeitlos und klug begründet, besonders in den Federalist Papers. Jedes Autokennzeichen des Bundestaates New Hampshire trägt den Slogan: »Live free or die.« Das ist die volkstümliche Variante dieser Weisheit: »Lebe frei (vom Staat) oder stirb.« Dann aber kümmert sich auch nicht der Staat um die Sicherheit des Bürgers vor dem Bürger. Sicherheit ist hier in letzter Konsequenz Bürgeraufgabe, nicht Staatsaufgabe, oder nur teilweise. Der freie Zugang freier Bürger zum Gewehr, zur Waffe, ist Folge dieses Staats- und Bürgerverständnisses. Man muss es nicht mögen (auch ich nicht), aber verstehen muss man die jeweiligen Denk- und Fühl-Voraussetzungen über Bürger- und Staatssicherheit.

Wir werfen noch einen Blick auf Israel. Die dortige Gewalt (meist von Terroristen ausgeübt, nicht »nur« von versehentlichen oder nicht versehentlichen Totschlägern), wenn sie im Sinne der Täter erfolgreich ist, zeigt: Auch in Israel kann der Staat seine Bürger nicht absolut schützen. Also ruft der Staat als Staat seine Bürger nicht zu Zivilcourage auf, wohl aber zu Wachsamkeit und gegebenenfalls aktiver Wehrhaftigkeit. Mehrmals haben israelische Bürger Terrorakte verhindert, erschwert oder auch beendet. Wie? Manche sind legal (!) bewaffnet, denn dort herrscht Krieg, alle passen auf und rufen die Sicherheitskräfte. Diese wiederum findet man leichter und an viel mehr Orten als in Deutschland und Westeuropa. Warum? Weil der Staat als solcher seine Pflicht zur Sicherung der Bürger so ernst nimmt, dass er von den Bürgern dafür zumindest finanzielle Opfer verlangt. Sicherheit kostet die Bürger Geld. Dieses Geld fehlt an anderer Stelle und reduziert das Wohlleben. Aber strukturell trägt es zur besseren Sicherung des Überlebens bei. Zudem ist in Israel aufgrund der relativen Allgemeinheit der Wehrpflicht sowie des militärischen Reservedienstes ein Großteil der jüdischen Bürger Teil staatlicher Wehrhaftigkeit.

Das ist die eine Seite. Die andere haben wir schon am Beispiel des in Beer Schewa im Oktober 2015 erst niedergeschossenen, dann ermordeten Eritreers kennengelernt. Wenige Wochen danach hielt ein jüdischer Bürger Israels einen auf frischer Tat, auf offener Straße ertappten Räuber für einen palästinensischen Terroristen – und knallte ihn mir nichts, dir nichts ab. Kann das, soll das Sicherheit sein? Dem US-republikanischen Präsidentschaftskandidaten und »Geistesgiganten« Donald Trump gefiele wohl diese Art von Sicherheit. Nach der Pariser Großterrorserie vom 13. November 2015 behauptete er allen Ernstes, »das« wäre nicht geschehen, dürften sich die Bürger Frankreichs selbst bewaffnen. Wie hätte es am 22. März 2016 in Brüssel, auf dem Flughafen sowie in der Metro, ausgesehen?

Am 21. Januar 2015 kämpfte ein 14-jähriger Gymnasiast in einem Tel-Aviver Bus mit einem Palästinenser, der wahllos Fahrgäste mit einem Küchenmesser niederstach. Der Junge riskierte sein Leben und hielt den Terroristen auf. Dieser floh. Der Junge ihm nach. Ein bewaffneter Passant (von Beruf Gefängniswärter) verfolgte das Drama, schoss den Täter in die Beine und legte ihm Handschellen an. Die Polizei kam unverzüglich. Der Schrecken war beendet. Acht Schwerverletzte waren allerdings zu beklagen. Der mutige Jungbürger wurde nur leicht verletzt. Er hatte zweifellos Zivilcourage bewiesen, aber es hätte für ihn übel enden können. Durch seine – sehr noble – Zivilcourage brachte er sich in Gefahr. Und entscheidend dafür, dass der Terrorist niedergestreckt wurde, war letztlich nicht diese Zivilcourage, sondern – strukturell betrachtet – die Infrastruktur israelischer Sicherheit, die eine Reaktion auf die ständige Unsicherheit im Land ist. Der Staat will nicht auf die Zivilcourage der Bürger angewiesen sein. Der Staat will Sicherheit bieten.

Zivilcourage – das hört sich gut an und wird auch gut von guten Bürgen angenommen, denn wer wollte nicht zu den Guten gehören? Der Aufruf zur Zivilcourage ist vielstimmig, aber er ist nicht stimmig. Politik und Polizei, also »der Staat«, schieben auf diese Weise elementare Verantwortung ab. Der Staat ist für die Bürger da, nicht die Bürger für den Staat, wenngleich natürlich ohne Bürgereinsatz und Bürgersinn »kein Staat zu machen ist«.

Bei genauem Hinsehen entpuppt sich der Aufruf zur Zivilcourage als geradezu lebensgefährdende Mogelpackung. Gemeint ist nämlich nicht »Bürgermut«, also die wörtliche Übersetzung von »Zivilcourage« (Civis = lateinisch Bürger und courage = englisch und französisch Mut). Gemeint ist Folgendes: Der bei uns in der Regel nicht bewehrte und bewaffnete, also wehrlose Bürger ist aufgerufen, Bürgerwehr zu spielen. Er soll für die innere Sicherheit sorgen, wo und weil und wenn der Staat es nicht kann. Wo und wenn er es tut, wird der Nazivergleich bemüht. Ich unterstelle niemandem, der die Bürger zu Zivilcourage = Bürgermut aufruft, sie absichtlich gefährden zu wollen. Ganz im Gegenteil. Ich stelle aber fest, objektiv wird das subjektiv Ungewollte erreicht: Wenn man diesen Gedanken zu Ende denkt, dann schickt der Staat auf diese Weise seine Bürger in den Tod. Er bringt sie zumindest in große Gefahr. Er schafft sich, in letzter Konsequenz, selbst ab, denn es ist die (Ur-)Aufgabe eines jeden Staates, die Bürger nach innen und außen zu schützen.

Menschheitsgeschichtlich betrachtet war genau diese Schutzfunktion die Ursache von Gemeinschafts- und später Staatenbildung. Am Anfang des Staates war die Sicherheit. Nicht die Freiheit. Der Einzelne gab seine Freiheit, zumindest Teile der Freiheit auf, um durch die Gemeinschaft und in der Schutz-Gemeinschaft (später »Staat«) genannt, Sicherheit zu finden. Im Laufe der Menschheitsgeschichte erkämpfte sich der Einzelne, zumindest in Teilen der Welt, wenigstens Teile seiner individuellen Freiheit vom Staat (zurück?).

Das Gleichgewicht von Freiheit und Sicherheit ist ein schöner Traum. Wir sollten diesen Traum nie aufgeben, doch wir müssen uns auch immer vor Augen halten, dass es ohne Sicherheit kein (Über-)Leben und ohne (Über-)Leben keine Freiheit gibt.

Im Grund- und Gründungsdokument der Demokratie, der Unabhängigkeitserklärung der Vereinigten Staaten von Amerika aus dem Jahr 1776 wird das natürliche, ja »unveräußerliche« Recht jedes Menschen auf »Leben, Freiheit und Streben nach Glück« (»Life, Liberty and the Pursuit of Happiness«) benannt. Wohlgemerkt, zuerst wird das Recht auf Leben erwähnt, erst dann das Recht auf Freiheit. Das hat nichts mit Recht-und-Ordnung-Betonköpfigkeit oder Herzlosigkeit zu tun, das ist die zutreffende Analyse und Benennung einer Wenn-dann-Beziehung.

Der *demokratische* Staat hat den selbst gestellten und von seinen Bürgern eingeforderten Anspruch auf die Einheit der Dreiheit von Sicherheit (Leben), Freiheit und (das Ermöglichen des) Glücksstreben(s) zu erfüllen. Natürlich kann auch der demokratische Staat nicht das Glück seiner Bürger garantieren. Seine Aufgabe ist es, die Rahmenbedingungen dafür zu schaffen, dass »jeder seines Glückes Schmied« sein kann. Der Rest ist Privatangelegenheit.

Keine Privatangelegenheit ist aber die Schutzfunktion des Staates. An ihr gibt es nichts zu rütteln. Wenn der Staat diese Schutzfunktion den eigentlich zu schützenden Bürgern selbst überlässt, verkehrt er seine staatliche Grundaufgabe in das Gegenteil – und stellt damit die »Wurzel« seiner selbst, seiner Staatlichkeit, in Frage. Diese »radikale« Sichtweise ist hierzulande verlorengegangen, und das hat im Alltagsleben fatale (also wörtlich »schicksalhafte«) Folgen.

Dies ist kein Appell, wegzuschauen und nichts zu unternehmen. Um Himmels willen. Ganz im Gegenteil: Ich appelliere dafür, besonders genau hinzuschauen. Aber ich bin dagegen, total falsch zu verstehende und falsch verstandene »Zivilcourage« an den Tag zu legen. Denn die Bürger sollten »den Staat« wieder dazu verpflichten, seine Pflicht zu erfüllen: die Bürger zu schützen.

Was ist die Alternative? Sofort die Polizei zu rufen? Im Zeitalter der Mobiltelefone eigentlich kein Problem, falls man nicht grundsätzlich ein Problem mit der Polizei hat. Ja, aber: Die Polizei kann nicht überall sein. Die Polizei ist überfordert und unterfinanziert. Und das wiederum ist nicht nur Schuld »der« Politik, sondern auch und vor allem der Bürger selbst. In der Silvesternacht 2015 haben das vor allem in Köln, Hamburg und Stuttgart die von männlichen Hundertschaften beraubten, belästigten, begrabschten oder vergewaltigten Frauen erleidend erfahren.

Die Mehrheit der Bürger in Deutschland und Westeuropa erwartet vom Staat inzwischen vornehmlich soziale Leistungen. Sicherheit und Freiheit setzt man als dauerhaft gegeben voraus und geht davon aus, dass sowohl Sicherheit als auch soziale Leistungen finanzierbar seien. Nun sind, je nach Land, die Staatskassen manchmal voller, manchmal leerer. Nie aber sind sie voll genug, um diese beiden und auch noch andere wichtige Staatsaufgaben, wie zum Beispiel Bildung und Kultur, gleichzeitig umfassend zu erfüllen.

Diktaturen bieten in der Regel mehr Sicherheit, aber nur für diejenigen, die sie stützen oder wenigstens nicht gefährden. Für Diktaturen spielen die zentralen Konditionen eines demokratischen Staates, Sicherheit, Freiheit und das Streben nach Glück, keine Rolle. Um solche Systeme kann es hier nicht gehen. Uns kann hier nur jene Dreiheit interessieren, für die ein demokratischer Staat sorgen muss.

Wenn die Bürger mehr »Sicherheit« fordern, müssen sie auf Staatsaufgaben in anderen Bereichen verzichten. Wer A sagt, muss auch B sagen. Man kann den Kuchen nicht essen und gleichzeitig behalten. Auch die vom Staat angebotene »Speisekarte« kann keiner aufessen, man muss wählen. Die Bürger in unserer Demokratie müssen entscheiden, was sie wollen. Alles bekommen sie nicht. Die Entscheidung ist politisch, normativ. Sie ist nicht zuletzt vom jeweiligen Menschenbild beeinflusst: Ist es optimistisch oder pessimistisch? Pessimisten werden eher auf Sicherheit setzen, Optimisten andere Mehrausgaben bevorzugen. Was ist realistisch, was richtig? Das weiß man immer erst hinterher. Wer in der Verantwortung steht, wird einen Mittelweg wählen. Doch wo ist die Mitte? Es gibt auch nicht für jede Zeit die gleiche Priorität. Ohne eine Gefährdungsanalyse kann die Entscheidung für mehr oder weniger Sicherheit nicht getroffen werden. Nach dem 13. November 2015, dem Mega-Terror von Paris, waren rund zwei Drittel der Franzosen bereit, Sicherheitsmaßnahmen zu billigen, die noch am 12. November als krasse Beeinträchtigung der Freiheit gegolten hätten. Wenn die Bürger einen Staat akzeptieren, der seine Aufgabe als Beschützer der Bürger nach innen und außen nicht wahrnimmt, sondern diese Aufgabe den Bürgern selbst überlässt, und wenn sie gleichzeitig die Aufforderung zur »Zivilcourage« annehmen, dann akzeptieren sie damit auch eine staatliche Aufforderung, Selbstmord zu wagen, weil der Staat Mord nicht verhindern kann.

Mord und Totschlag, selbst den Brudermord, kennt die Menschheit seit ihren Anfängen. Zeitlose Gleichnisse dafür sind die biblische Geschichte von Kain und Abel oder der römische Mythos von Romulus und Remus.

Brudermord ist wörtlich verstanden der Mord am eigenen Bruder. Im übertragenen Sinne steht der Begriff dafür, dass seit jeher der Mensch gegen den Menschen kämpft. Als Gattung sind alle Menschen sozusagen von Natur aus Brüder und Schwestern. Wirklich brüderlich zueinander sind sie selten. Dass alle Menschen Brüder werden, wie es der Idealist Schiller in seinem Gedicht ›An die Freude‹ formuliert hat, das durch den Chorgesang in Beethovens Neunter Sinfonie unsterblich wurde, ist eine Utopie. Der Bruderkrieg ist eine dauerhafte Gegebenheit im Dasein der Menschenbrüder. Eine Facette des Bruderkrieges ist der Bürgerkrieg. Kennzeichen des Bürgerkriegs und bürgerkriegsähnlicher Zustände ist die Abwesenheit des staatlichen Gewaltmonopols. Nicht mehr der Staat allein wendet Gewalt an, sondern Einzelne im Staat, gegen den Staat und gegen einzelne Staats(mit)bürger oder gegen Gruppen von Staats(mit)bürgern. Zu den Staats(mit)*bürgern* sind auch die Mit*bewohner* eines Staates zu rechnen, die formal keine Staatsbürger, sondern Fremde oder als fremd Empfundene, Nicht-Bürger, sind.

Zum abendländischen, jüdisch-christlichen Erbe zählt

»Liebe den Fremdling wie dich selbst«. Diesen göttlichen Appell findet man im (angeblich so brutalen, »rachsüchtigen«) Alten Testament bzw. der Hebräischen Bibel, im Dritten Buch Mose, Leviticus 19, 34. Gottes Appell ereilte in der Menschheitsgeschichte das gleiche Schicksal wie später Schillers und Beethovens Aufruf: Er begeistert Zuhörer und Leser, doch im Alltag dachten und handelten die Begeisterten selten in diesem Geist. Nicht anders in unserer Gegenwart.

Gründe für die derzeit fast weltweit ausgefochtenen Bürgerkriege habe ich in meinem Buch ›Zum Weltfrieden, Ein politischer Entwurf‹ (München 2015) beschrieben. Steht uns in Westeuropa und Deutschland ein Bürgerkrieg bevor? Oder bürgerkriegsähnliche Zustände? Stecken wir gar in bürgerkriegsähnlichen Zuständen, ohne uns dessen schon bewusst zu sein?

Terrorgruppen, die, wie etwa die Baader-Meinhof-Bande, hofften, durch ihre innergesellschaftliche Gewalt bürgerkriegsähnliche Zustände herbeizubomben, kennen wir schon länger. Die weltpolitischen Veränderungen nach dem Zweiten Weltkrieg, genauer: die Entkolonialisierung, die wirtschaftliche Anziehungskraft sowie der enorme Arbeitskräftebedarf Westeuropas und schließlich der Zusammenbruch der kommunistischen Ostblock-Welt und die Massenwanderungen 2014/15 (und danach?) haben auch bei uns allmählich bürgerkriegsähnliche, zumindest bürgerkriegsreife oder sich am Rande des Bürgerkriegs entwickelnde Situationen geschaffen. Nicht nur »die« Politik ist ratlos. Wir alle sind es.

Die vielen vereitelten Terrorakte sowie die zahlreichen Gewaltanwendungen der letzten Jahre dokumentieren, dass auch in Westeuropa und Deutschland die Lunte brennt. Am 7. Januar 2015 und nochmals viel heftiger am 13. November

2015 zündete sie in Paris, im Juli 2005 zweimal in London, im März 2004 in Madrid undundund. Wo folgt wann was?

Inzwischen spielen Terroristen Katz und Maus mit den Staaten. Vier Tage nach dem Massaker von Paris wurde am 17. November 2015 das Fußballländerspiel Deutschland gegen die Niederlande in Hannover abgesagt. Der Deutschen liebstes Heiligtum, einer ihrer Fußballtempel, wurde geräumt und geschlossen, aus Angst, es würde geschossen oder gebombt. Die Bundeskanzlerin, ihr Innen- und ihr Justizminister, die auf dem Weg zum Fußballspiel waren, weil sie angesichts des vorangegangenen Pariser Terrors Tatkraft, Entschlossenheit, Mut und »Flagge« zeigen wollten, rollten dieselbe ein und kehrten, wie tausende Fans, um. Auch so sieht das Abdanken des Staates aus. Von Belgien (Brüssel, 22. März 2016) ganz zu schweigen.

Selbst scheinbar hochorganisierte, effiziente, datengeoder gar übersättigte staatliche Dienste versagen präventiv und reaktiv. Sie tragen das Etikett »Sicherheit«, können aber gerade diese nicht gewährleisten.

Nach Terroranschlägen in Paris fiel Frankreichs Führung nichts Gescheiteres ein, als mit 12 Kampfjets 20 Bomben auf Terroristen-Hochburgen im fernen Syrien abzuwerfen. So sieht Ratlosigkeit aus. Kein Wunder, dass der ratlose Staat, der die Bürger schützen soll, diesen Bürgern das über rund fünf Jahrhunderte der Zivilisierung erkämpfte Monopolmandat wieder zurückgibt. Man überdeckt dieses Versagen mit einem Zuckerguss, den man bei uns »Aufstand der Anständigen« nennt. Es ist ein Etikettenschwindel, der von der Bevölkerung und den Medien mitgetragen wird, berauscht vom vermeintlichen Gutsein.

Seit der frühen Neuzeit wurde in Westeuropa das staatliche Gewaltmonopol mühsam durchgefochten und durchgesetzt. Nun gibt es der Staat den »Anständigen« (wer auch immer sie seien) zurück. Er macht die Bürger zu Kombattanten, zu Mitkämpfern, und schafft sich damit in letzter Konsequenz selbst ab. Vorsichtiger ausgedrückt: Er gesteht seine Ohnmacht. Das ist eine Bankrotterklärung. Gewaltmonopol ade. Noch ist es nicht so weit, aber nach und nach wird die Gewalt entstaatlicht und reprivatisiert. Zu Ende gedacht könnte das bedeuten, dass, wie einst im Mittelalter, jeder gegen jeden kämpft. Damals gab es kein Landrecht. Das gibt es heute. Es erweist sich als zunehmend unwirksam, weil es nicht mehr durch das Gewaltmonopol durch- bzw. umgesetzt werden kann.

Beim »Aufstand der Anständigen« bekämpft nicht mehr der Staat, es bekämpfen die »anständigen« Bürger die »unanständigen«. Selbst wenn man die Zuordnung nicht allein Gerhard Schröder – ein Ehrenmann gewiss, aber auch eine moralische Instanz? – überließe, gäbe es zumindest Grenzfälle beim Übergang von der einen zur anderen Bürgerkategorie. Die »Anständigen« werden aufgefordert, bei ihrem Aufstand »Zivilcourage«, also Bürgermut, zu zeigen. Wohin soll das führen? Ist das ein Appell, Bürgerwehren zu bilden? Das hat Gerhard Schröder nicht gesagt und vermutlich auch nicht gemeint. Aber der zivilisatorische Rückfall in mittelalterliches Denken ist angelegt und wird jetzt vermehrt befolgt.

In einer Demokratie sind das Recht auf Versammlungsfreiheit und das Demonstrationsrecht durch die Verfassung garantiert. Wenn nun der demokratische Staat die Gruppen A und B gegen die Gruppen C und D zu welchem Zweck auch immer aktiviert bzw. auf der Straße mobilisiert, muss er damit rechnen, dass C und D reagieren. Damit wird eine Eskalationsspirale ausgelöst. Die Politik – englisch government, verstanden als Steuerung (gubernare = lateinisch: lenken, steuern, regieren) – lähmt sich selbst. Sie wird unmöglich.

Diesbezüglichen Anschauungsunterricht erhielten wir 2014/15: Staatliche Akteure riefen »die Bürger« zu Kundgebungen gegen die nicht nur als fremdenfeindlich geltende »Pegida« auf. Das Ergebnis: Es schlossen sich den Pegida-Märschen von Woche zu Woche mehr Menschen an – auch sie Bürger. Deren Mobilisierungsgrad schwankt. Er ist zyklisch, wobei die Häufigkeit der Zyklen von der Häufigkeit der erregenden Anlässe abhängt. Der Bürger an sich ist eben an sich keiner, der auf die Barrikaden steigt. Jedenfalls nur selten. Das radikale und extremistische Protestpotential ist unbestreitbar vorhanden. Noch hat es keine politische Behausung gefunden. Es gibt sie nicht. Noch nicht. Oder in der AfD? Die Zustimmung wächst. Vermehrte Brandanschläge, Überfälle in Deutschland, Österreich und den Niederlanden auf Flüchtlingsunterkünfte im Sommer und Herbst 2015, Schläge und Proteste gegen Flüchtlinge, der Vormarsch nationalistisch-fremdenfeindlicher Parteien in Frankreich, Großbritannien, Dänemark, Schweden, Finnland, Österreich, Ungarn und die deutsche AfD, die 2015 ihren Schafspelz zunehmend abgelegt und die Gemäßigteren aus ihren Reihen vertrieben hat.

Am 8. November 1992 riefen Staat und alle demokratischen Parteien zu einer Großdemonstration vor Schinkels Altem Museum in Berlin »Gegen Fremdenfeindlichkeit und Antisemitismus« auf. Rund eine Million Menschen kamen. Der Staat feierte sich selbst und die Zivilcourage seiner Bürger. Doch andere Bürger setzten ihre fremdenfeindlichen und antisemitischen Verbrechen fort. Sie nahmen erst ab, nachdem die Politik, also der Staat, 1993 das deutsche Asylrecht eingeschränkt hatte. Das im Grundgesetz festgehaltene Asylrecht beschreibt die Anerkennung von Flüchtlingen nach der Genfer Flüchtlingskonvention und legt Abschiebungsverbote für Schutzbedürftige fest. Bis dahin hatte die Bundesrepublik als Lehre aus der Zeit des Nationalsozialismus ein uneingeschränktes Grundrecht auf Asyl für alle gewährt, für die diese Kriterien galten. Anfang der 90er-Jahre kochte die erste »Asyldebatte« hoch. Damals ging es vorrangig um Bürgerkriegsflüchtlinge aus dem zerfallenden Jugoslawien. Auf den Protest in der Bevölkerung reagierte die Politik 1993 mit einer Einschränkung dieses Asylrechts. Danach nahmen die Gewalttaten ab. Das Mobilisieren der Bürger im Jahre 1992 hatte sie nicht verhindert. Weder die wirklich wunderbar menschlichen Lichterketten noch die Großdemonstration der deutschen Politikprominenz vor Berlins Alten Museum am 8. November 1992. Das Motto: »Die Würde des Menschen ist unantastbar«, also Artikel 1, 1 Grundgesetz. Die Demonstrationen waren zahlreich und wortreich, doch folgenlos. Schlimmer: Es zeigte sich sehr bald, dass die Würde des Menschen damals durch Rechtsextremisten (grundsätzlich durch Extremisten jedweder Couleur) sehr wohl antastbar war und Artikel 1, 1 des Grundgesetzes Hoffnung und Leitlinie, nicht allgegenwärtige Wirklichkeit war. Der erste Satz unserer Verfassung müsste folgerichtig heißen: »Die Würde des Menschen *sei* unantastbar.«

Das Mobilisieren der Bürger gehörte 1992, wie vorher und nachher, ins Reich der Worte. Es waren wort- und emphasepralle Ersatzhandlungen für nicht vollzogene Taten. Aus Ratlosigkeit oder Ängstlichkeit? Wer weiß? Lösungen sehen jedenfalls anders aus. Sie wirken auch anders. Gewirkt hat die Einschränkung des Asylrechts.

1992/2015 – wie sich die Bilder ähneln. Allerdings war 2015

die Zahl der Flüchtlinge und Asylsuchenden wesentlich höher und europafremder und -ferner als während der Balkankriege seit 1991. Dann aber die Bilder wie damals: Angriffe auf Flüchtlinge, Flüchtlingsunterkünfte, Demonstrationen, Gegendemonstrationen. Verletzte. Die rechtsterroristische Mörderbande des NSU, nicht repräsentativ für »die« Deutschen, doch demonstrativ in Deutschland hatte von 2000 bis 2006 gezeigt, wohin der Widerwille gegenüber Neuankömmlingen führen kann. Was spricht dafür, dass sich deutsche Hassbürger von rechts dauerhaft weniger mobilisieren lassen als Bürger deutscher Willkommenskultur der Mitte und Linken? Nichts. Die Hassbürger sind wahrscheinlich entschlossener, länger mobilisierbar und auf jeden Fall gewalttätiger. Das ist auch der linksdeutsche Rand, der sich 2015 nicht nur einmal mit den rechten Hassbürgern Straßenschlachten lieferte. Soll, kann ausgerechnet der linke Rand die breite Mitte vor dem rechten schützen – und die Demokratie sichern? Freiheit, Sicherheit, Menschen- und Bürgerrechte gewährleisten weder die Prügler und Freiheitsgegner vom linken Rand noch die Rechtsterroristen. Am 7. und 8. Januar 2015 erschossen Islamisten 12 französische Journalisten des Satiremagazins ›Charlie Hebdo‹ und Polizisten, mitten in Paris, am helllichten Tag. Das war Frankreichs »Nine/Eleven«, Frankreichs 11. September, das Gegenstück zum Terroranschlag aufs New Yorker World Trade Center und das Pentagon. Der Schock saß tief. Plötzlich waren massenhaft auch die Gegner des Blattes, die sich über dessen Islamkritik empört hatten, »Charlie«. »Ich bin Charlie«, »Je suis Charlie« – von wegen. Dem islamistischen Terror meinten manche Islamfeinde auf ihre Weise begegnen zu müssen: Sie griffen Muslime und muslimische Einrichtungen an.

Längst hatten wir die ›Aussichten auf den Bürgerkrieg‹. Nicht erst jetzt. Hans Magnus Enzensbergers gleichnamige Schrift aus dem Jahre 1993 haben offenbar viele vergessen (wollen). Vergleichbare Analysen und Szenarien hatte er darin beschrieben. Es waren weit mehr als die notorischen »Zeichen an der Wand«. Auch ich hatte zur selben Zeit Vor-Gedanken veröffentlicht, die nun im größeren Zusammenhang ihren Niederschlag in dieser Schrift finden.

Längst war schon damals nicht zuletzt Paris ein Nebenschauplatz der Konflikte in und um Nahost, zwischen »dem« Westen und der Islamischen Welt, geworden. Am 9. August 1982 ermordete ein Killerkommando des palästinensischen Terroristen Abu Nidal im (teils jüdischen) Marais-Viertel sechs und verletzte 22 Menschen, die im und am jüdischen Restaurant »Goldenberg« waren. Semiten unter sich, Juden und Araber, könnte man zynisch kommentieren. Keiner kommentierte so – nach außen. Versteht sich.

Die Aufregung war groß, doch längst nicht so groß wie am und nach dem 7. Januar 2015. Nach den Augustmorden von 1982 ermittelte die französische Justiz fieberhaft. Es dauerte »nicht lange«, bis sie Gewissheit erlangt hatte: 2011 wurde amtlich bekanntgegeben, dass Abu Nidal der Drahtzieher war. Derselbe Abu Nidal pflegte enge Kontakte zu Iraks Diktator Saddam Hussein, den Frankreich unter Valéry Giscard d´Estaing bis 1981 mit militärtechnologischen Waren und Wissen beliefert hatte. Wer sich über die Vielzahl (damals noch nicht so genannter) Terrorakte während der 1980er-Jahre und danach in Frankreich und Westeuropa informieren möchte, findet mit Hilfe der entsprechenden Stichworte im Internet mehr, als Gemütsmenschen verkraften können. Jedes Mal das Ritual: Entsetzen, Empörung, »Nie wieder!«, »Aufpassen, Bürger« (kein Aufstand), Zivilcourage.

Was dann? Variationen des gleichen Themas. Leider wirkungslos.

»Innersemitisch« schienen auch die Terroraktionen von Montauban und Toulouse im März 2012. Insgesamt sieben Juden, darunter Kinder, sowie französische Soldaten, sozusagen die Beschützer »der« Juden, wurden von einem Islamisten niedergeschossen. Im Dezember 2014 wurde eine junge Jüdin vor den Augen ihres Partners von Islamisten vergewaltigt.

Frankreichs Staat und viele Bürger inszenierten im Januar 2015 riesige Demonstrationen, auf denen einhellig, auch von Muslimen, der islamistische Terror verdammt wurde. In Deutschland wäre sofort die »Zivilcourage« der Politik, Medien und Bürger gepriesen worden. Doch worin bestand die Zivilcourage? Darin, dass man/frau millionenfach auf die Straße gingen? Ähnliches erlebte man zur Jahreswende 2014/15: Politische Amtsträger, also »der« Staat, riefen zu Demonstrationen gegen die »Pegida«-Bürgerbewegung auf, die sich und anderen einzureden versucht, das Abendland vor dem Islam retten zu müssen. Die öffentliche Ächtung von Seiten der Politik und der Medien war einhellig. Am Samstag, dem 10. Januar 2015, vereinten sich 35 000 Dresdner auf einer Anti-Pegida-Kundgebung. Nach jeder Ächtung kamen mehr Pegida-Bürger. Am Montag, dem 12. Januar 2015, versammelten sich in Dresden 25 000 Pegida-Sympathisanten. Sie zeigten auf ihre Weise ebenfalls Zivilcourage, auch wenn das vielen nicht gefällt. Um gegen den Hauptstrom zu schwimmen, bedarf es durchaus des Bürgermuts. Mut schon deshalb, weil, das wissen wir bestens seit Elisabeth Noelle-Neumanns Klassiker ›Die Schweigespirale‹, fast jeder Mensch »Isolationsangst hat«, also ungern alleine die eine oder auch andere Meinung vertritt. Man(n), Frau schwimmt lieber mit dem Strom als gegen ihn.

Die demokratische Verfassung gebietet: Wenn A demonstrieren darf, dann muss es auch B dürfen. Wie jedes (nicht nur politische) Instrument ist das Instrument der Demonstration werteneutral. Der jeweilige Einsatz ist wertorientiert.

Weiter gedacht: Wenn A demonstriert, demonstriert auch B, dann wieder A, dann B, hinzu kommen gegebenenfalls C, D und andere. Immer mehr werden mobilisiert, die Situation eskaliert und wird strukturell radikalisiert. Eine Art Massenhysterie entsteht auf jeder Seite. Jeder reißt jeden mit, gegen den anderen. Wird irgendwann, wie bei Straßenschlachten von Links- und Rechtsradikalen, auch randaliert? Eskaliert, zu Ende gedacht, die Konfrontation der Demonstration zum Bürgerkrieg?

In Frankeich und woanders trugen nach dem 7. Januar 2015 Hunderttausende Schildchen mit der Aufschrift »Ich bin Charlie«. Am 11. Januar 2015 demonstrierten allein in Paris rund 1,5 Millionen, in ganz Frankreich mehr als 3 Millionen Menschen, darunter zahllose Muslime, auch Juden, gegen die islamistischen Mörder.

An der Pariser Großkundgebung beteiligten sich auch Israels Premier Netanjahu und Palästinenserpräsident Abbas. Bedeutete dieser Akt der, sagen wir (ausnahmsweise im Hauptstrom mitschwimmend) Zivilcourage bei beiden auch den Mut, miteinander Frieden zu schließen? Mitnichten. Dennoch vermittelten diese Bilder ähnliche Hochgefühle wie Schillers / Beethovens ›Ode an die Freude‹: »Alle Menschen werden Brüder.« Man bekam eine wohlige Gänsehaut, fühlte sich ge- und bestärkt, war nicht allein mit dem eigenen Kummer und Werte-Kompass. Es waren wundervolle Bilder *aus* der Realität. Leider entsprachen sie nicht *der* Realität. Sozusagen surreal waren sie.

Bilder und Demonstrationen sollten verkünden und allen vermitteln, dass Menschen verschiedener Religionen – nicht zuletzt Christen, Muslime und Juden – sehr wohl und selbstverständlich friedlich miteinander, nebeneinander und füreinander leben können, ohne gegeneinander Krieg oder Bürgerkrieg zu führen. Frankreich ist ein Land, in dem strikt auf die Trennung von Religion und Politik geachtet wird. Deshalb führten nur Politiker und keine Geistlichen der drei Religionen die Kundgebung an. Wer aber sollte religiös (gemeinte?) Botschaften vermitteln und verkünden können, wenn nicht die Geistlichkeit der jeweiligen Religionen? Christliche, muslimische oder jüdische Politiker treffen politische Entscheidungen, keine religiösen. Solche Entscheidungen obliegen religiösen Wegweisern. Die aber ließ man draußen vor der Tür. Ahnungslosigkeit, wohin man schaut, 1,5-millionenfach, demonstrativ (durch die Demonstration) gezeigt und bezeugt.

Noch eine Ahnungslosigkeit: Hochkonjunktur haben Appelle »an die muslimischen Verbände«: Sie mögen ihre Glaubensbrüder von der Gewalt abbringen. Die Appelle sind ehrenhaft und gut gemeint. Wer in Deutschland und woanders nach den islamischen Verbänden als Sprachrohr zur islamischen Geistlichkeit ruft, beweist gute Kenntnisse der Verbandsdemokratie. Bezogen auf Religion, besonders den Islam, ist dieser Ruf ein Bekenntnis der Ratlosigkeit.

Der stete, schöpferische Geist brachte die Außenpolitiker der EU wenige Tage nach jener Pariser Großdemonstration auf den Gedanken, nun auch die Regierungen der arabischen Staaten als Brücke zur islamischen Geistlichkeit zu gewinnen. Was man in der kreativen Eile übersah (oder etwa nicht wusste?): Die meisten arabischen Regierungen verfügen gegenüber ihren Bürgern, die in der Regel als Untertanen behandelt werden, über keine politische und moralische Legitimität. Auch deshalb ist die Geistlichkeit für viele Muslime eher eine legitime Instanz als die eigene Regierung. Die Geistlichkeit ist demnach eher Gegenpol als Ergänzung und Partner der arabischen Regierungen. Ergo: Zivilcourage, Demonstrationen, groß oder klein, können kein Ersatz für Wissen und Denken sein. Wie sollten, warum sollten islamische Geistliche Weltlichkeit (»laïcité«) wollen? Weil wir es wollen? Wie sollen, wie können religiös Ahnungslose mit religiösen Muslimen kommunizieren und den islamistischen Terror domestizieren? Die Eliten und die »Anständigen« feiern sich mit solchen Demonstrationen selbst und bejubeln ihre eigene Zivilcourage, ihren Bürgermut. Risiko minimal, Selbstwert optimal. Die faktischen und Möchtegern-Mörder lassen sich davon nicht beeindrucken. So wenig wie seinerzeit 44 Prozent der deutschen Wähler, die am 5. März 1933 ganz demokratisch Hitler und Konsorten wählten und ihnen damit die Tore zur Macht öffneten. Elf Jahre zuvor, im Juni 1922, war der deutschjüdische Reichsaußenminister Walther Rathenau ermordet worden. Hunderttausende kamen zur Trauerkundgebung. Ähnlich 1925 nach dem Tod von Reichspräsident Friedrich Ebert (SPD). Zum Nachfolger wählte die Mehrheit der Deutschen Paul von Hindenburg. Sie wählten ihn 1932 erneut, und im Januar 1933 war er Hitlers Steigbügelhalter. Nein, nichts dergleichen wiederholt sich, aber eines doch: Die so sympathischen, sich selbst vergewissernden Demonstrationen von 1922 und 1925 waren (wie viele vergleichbare) »für die Katz«. Was zählt, sind Taten, nicht Demonstrationen. Was zählt, ist, ob der demokratisch legitimierte Staat die Rechtssicherheit und körperliche Unversehrtheit garantieren und damit die Basis für das »Streben nach Glück« schaffen kann.

Auch nach den vermeintlich zivilcouragierten Demonstrationen für die wirklich Zivilcouragierten wird der islamistische Terror ebenso weitergehen wie die Militanz der Unanständigen, der Fremdenfeinde und Rassisten. Das zu sagen, heißt natürlich nicht, dass die friedlich ihre Meinung Ausdrückenden jene Militanten provoziert hätten, dass es keine Gegenöffentlichkeit geben solle oder ich dafür plädierte, Gegenöffentlichkeiten nicht zuzulassen. Das wäre inakzeptabel, denn es widerspräche den Grundlagen der Demokratie. Man möge aber nicht erwarten, dass Gegenöffentlichkeiten potentielle Gewaltakte vermindern oder verhindern oder auch nur deeskalierend wirkten. Das Gegenteil ist der Fall. »Wir überlassen den Feinden der Demokratie nicht die Straße!«, ist oft zu hören. Ich finde diesen Ruf sehr sympathisch. Zu Ende gedacht bedeutet er: Notfalls führen wir Straßenschlachten gegen die Gegner der Demokratie. Das wiederum ist ganz und gar unrealistisch. Unrealistisch sowohl bezogen auf den Bürger an sich, also den behäbigen und zumindest symbolisch phlegmatisch-dickbäuchigen Bourgeois, als auch den Citoyen, also den gewaltfrei einsatzfreudigen Bürger. Nicht Bürger kämpfen, sondern Revolutionäre von links oder rechts oder beide. Genau dazu oder zur sanfteren Variante dauerhafter Straßenschlachten und Terrorakte minus Revolution führt die Dauermobilisierung von Öffentlichkeit und Gegenöffentlichkeit. Hier schließt sich nun der Denk- und Argumentationskreis: Jene Situation bedeutet: Der Staat hat sein Gewaltmonopol verloren. Er schlägt, demokratisch legitimiert, aber eben nicht gewaltmonopolistisch, auf diverse Schlägertrupps ein, die ihre

Rechtfertigung allein aus sich selbst und für sich selbst ableiten. Staatlichkeit ade.

Der antijüdische Geist obwaltet beim gegenwärtigen Islam-Terror immer, gewaltig und gewalttätig. Das haben die Täter im Januar 2015 höchst geschickt vorgeführt. Ein jüdisches Geschäft wurde zusätzlich überfallen. Damit entstand und bestand wieder die »Jüdische Dimension«, denn sozusagen, eigentlich, wäre das doch der Kern des Konflikts. Natürlich ist das Unsinn, denn Kern des Konflikts ist die fünffache europäische Revolution. Wir werden noch darauf zu sprechen kommen.

Demonstrationen, die Versammlungsfreiheit, gehören zur Demokratie wie das Atmen zum Leben. Je häufiger sie aber stattfinden, desto größer der Gewöhnungseffekt. Abnutzung und Entwertung sind unvermeidlich. Die Mechanismen ähneln einer Inflation: Zu viel ist wertlos. Je mehr Nullen, desto schwächer die Währung. Ja, Demonstrationen sind Zeichen. »Zeichen setzen« gehört zum Vokabular der »Anständigen«. Können Zeichen Taten ersetzen?

Partizipation, Teilnahme am und Einsatz für das Gemeinwesen sind ebenfalls unverzichtbare Bestandteile einer lebendigen, demokratischen, pluralen bzw. vielschichtigen, einer offenen Gesellschaft. Doch auch Partizipation nutzt sich ab. Dass sie nur am Gemein- und nicht am Gruppen- oder Einzelwohl orientiert wäre, ist eine sirupartige Legende. Führt also die Partizipation des Citoyen oder mehrerer Citoyens für ihre Einzel- oder Gruppeninteressen etwa zur Lähmung der Funktion eines Gemeinwesens? Partizipation kann am Gemeinwohl orientiert sein – oder auch nicht. Partizipation an sich ist weder gut noch schlecht. Es kommt immer darauf an, wer wofür und woran partizipiert, teilnimmt. Mit den üblichen Schlagworten kommen wir nicht weit.

Wieder und wieder müssen wir weiterdenken: Auch die aus unserer/meiner Sicht löbliche Partizipation von A löst wahrscheinlich die aus unserer/meiner Sicht abzulehnende Partizipation und Mobilisation von B aus. Polarisation, Eskalation, Konfrontation sind die Folgen. Bis hin zu Straßenschlachten – und mehr. Siehe oben. Die Folge (er)kennen wir: Der Staat steht zwischen A und B. Gewaltmonopol ade, Staatlichkeit ade.

Das an sich begrüßenswerte Prinzip der Partizipation muss wieder weiter und zu Ende gedacht werden. Weiter denken soll heißen: So kann es sein. Es heißt nicht: So muss, so wird es bestimmt sein. Weiter denken heißt, die möglichen Folgen bedenken, um gegebenenfalls sich statt für A für B zu entscheiden.

Niemand kann außerhalb des eigenen privaten und beruflichen Umfelds bei allem mitmachen, mitmischen, mitreden. Wer wäre für alles zuständig und in allem sachkundig? Ohne Sach- und Fachkenntnis kann eine höchst komplizierte, arbeitsteilige Gesellschaft und Wirtschaft nicht überleben. Das kann sie freilich auch ohne Mitsprache, also Wohlgefühl ihrer Mitglieder, nicht. Daraus folgt: Auch die Forderung nach mehr Partizipation ist in ihrer Pauschalität nur Phrase. Aktionismus ersetzt keine Strategie, er ist keine Therapie für tatsächliche oder vermeintliche »Krankheiten« einer Gesellschaft. Er ersetzt keine Politik, während Demonstrationen nicht selten Politikersatz sind oder der Versuch von Partikulargruppen, sich als Verkörperung des Mehrheitswillens darzustellen. Wenn das offensichtlich nicht der Fall ist, dann als Vergegenwärtigung des allgemeinen Willens im Sinne von Rousseau, also nicht des Mehrheitswillens. Dieses Selbstverständnis hat den immensen Vorteil, dass automatisch Recht hat, wer den allgemeinen Willen vertritt. Doch wer weiß, wie und wann, wer den allgemeinen Willen wirklich darstellt und nicht nur beansprucht? Machen wir uns nichts vor: Dieser Selbstanspruch war und ist immer maßlos selbstüberschätzend, anmaßend und letztlich undemokratisch. Recht hat, wer seine Anhänger am besten mobilisiert. Das war, das ist nie Demokratie. Es ist ihre Umkehrung, denn die Minderheit tritt wie die Mehrheit auf, ohne es zu sein. Man kann es drehen und wenden, wie man will: Demokratie ist zunächst und vor allem Mehrheitsherrschaft plus Minderheitenschutz. Das eine ohne das andere gibt es nicht. Aber Demokratie heißt eben nicht: Herrschaft der Minderheit, sei sie auch noch so aktiv.

Oft muss Aktionismus den Mangel an Therapie ersetzen. Man kann sich nicht ständig für alles und auch nur vieles engagieren, wenn gleichzeitig eine komplexe und extrem arbeitsteilige Gesellschaft höchste Anforderungen an die Bürger stellt. Es fehlt die Zeit, es fehlt das spezifische Fachwissen, das an anderer Stelle wiederum dringend gefordert ist, nämlich dann, wenn es um die konkreten eigenen Aufgaben im Leben geht. Oft wird über mangelnde Partizipation der Bürger geklagt, und das in einer Welt, die immer schneller und komplexer wird. Das gilt auch für die Politik. An Demonstrationen teilzunehmen, gegen Rassismus und Fremdenfeindlichkeit auf die Straße zu gehen und entsprechende Appelle zu unterstützen, das ist für viele ein Ausweg aus diesem Dilemma und ihr Versuch, an einem »Aufstand der Anständigen«, was auch immer darunter zu verstehen sei, teilzuhaben. Es ist wohlfeil, obwohl sehr sympathisch.

In einer Demokratie wie der Bundesrepublik Deutschland gehört neben der Meinungsfreiheit die Versammlungsfreiheit zu den elementaren Grundrechten. In Artikel 5 (1) des Grundgesetzes ist festgehalten: »Jeder hat das Recht, seine Meinung in Wort, Schrift und Bild frei zu äußern und zu verbreiten ...« Mit der Versammlungsfreiheit befasst sich Artikel 8 (1): »Alle Deutschen haben das Recht, sich ohne Anmeldung oder Erlaubnis friedlich und ohne Waffen zu versammeln.« Für Versammlungen unter freiem Himmel gilt Artikel 8 (2): »Für Versammlungen unter freiem Himmel kann dieses Recht durch Gesetz oder auf Grund eines Gesetzes beschränkt werden.« Seit dem 19. Jahrhundert werden öffentliche Kundgebungen zur Durchsetzung politischer Ziele als Demonstrationen bezeichnet. Der Begriff Demonstration wird im Grundgesetz selbst nicht verwendet, ist aber in der Rechtspraxis längst eingeführt.

Was ist eine Demonstration? Eine Demonstration ist eine Zeichensetzung. Das Wort kommt vom Lateinischen »demonstrare« = zeigen, also ein Zeichen setzen. A oder B wollen ihrer Außenwelt zeigen, was sie zu einem bestimmten Thema bewegt. Durch ihr Zeichen lenken A und B die Aufmerksamkeit anderer auf ihr Interesse, ihre Sorgen, finden Zustimmung oder stoßen auf Ablehnung.

Das Demonstrationsrecht wird durch das Grundgesetz unzweifelhaft geschützt. Das Recht auf Demonstrationen, aufs Zeichensetzen ist garantiert, nicht das Recht auf Straßenschlachten oder Krawalle und Randale. Das Grundgesetz hat hierfür mehrere Sicherungen eingebaut. Die erste Sicherung: Von der Meinungs*äußerung* ist die Rede, nicht vom Meinungskampf. Eine Meinungsäußerung ist im besten Falle ein – im übertragenen Sinne – schlagendes Argument. Und ein schlagendes Argument ist eben Argument, ist Wort, und kein Schlag, keine Waffe. Es ist zwingend friedlich.

Artikel 8 erzwingt den friedlichen Charakter von Versammlungen. Der Begriff »Friedliche Demonstration« ist Unsinn. Eine Demonstration ist, wenn wirklich Demonstration, nur friedlich, weil nur Zeichen und nicht auf Kampf setzend. Ist eine Versammlung oder Ansammlung von Menschen nicht friedlich, dann ist sie eben gerade keine Demonstration, sondern purer Kampf. Dazu gehört auch das Mitbringen von Kampfmitteln, wie Schlagstöcke oder Molotowcocktails, selbst wenn sie nicht eingesetzt werden.

Wer von den Demonstranten will Randale, Straßenschlachten? Autonome, Rechtsschläger und andere Randgruppen. Wer sich diesen Schlägern entgegenstelle, so das allgemeine Verständnis, zeige Zivilcourage. Irrtum. Der Staat, sprich sein exekutiver Arm: die Polizei, hat die Aufgabe, uns Friedliche vor diesen Schlägern, gleich welcher Ideologie, zu schützen. Ist er dazu nicht imstande, erfüllt der Staat seinen elementaren Seinsgrund nicht. Der Staat muss uns quasi körperlich schützen, nicht wir den Staat.

»Friedliche Demonstration« – an diesen unsinnigen Begriff haben wir uns gewöhnt. Wir denken uns gar nichts mehr dabei. Wir haben uns deswegen daran gewöhnt, weil es im Rahmen von Demonstrationen immer wieder zu Ausschreitungen kommt. Die soll/will die Polizei verhindern und kann es nicht immer. Denn es gibt Demonstranten, die unfriedlich vorgehen. Es gab auch schon Polizisten, die unfriedlich vorgingen, als Aktion oder Reaktion. Das ändert aber nichts am Gesetzestext. Gesetze werden nun mal gebrochen, und nicht nur bei Demonstrationen. Gewohnheit bedeutet nicht automatisch Richtigkeit. Eine »friedliche Demonstration« gleicht dem »kleinen Riesen«.

Falsch gedacht führt zu falsch gemacht. Das bedeutet hier konkret: Versammlungen, die nicht friedlich geplant oder durchgeführt werden, sind im Wortsinne keine Demonstrationen. Daraus folgt: Nicht-friedliche Versammlungen genießen nicht den Schutz des Grundgesetzes. Das Grundgesetz sichert die Demonstrationsfreiheit, es ist kein Freifahrschein für Straßenschlachten. Das behauptet zwar keiner, wer aber von »friedlichen Demonstrationen« spricht, fasst auch die nicht-friedliche in der Kategorie »Demonstration« zusammen. Das ist alles andere als ein Gedanken- oder Wortspiel. Es ist hochbrisant, denn dann gilt auch für die nicht-friedliche Demonstration das Grundrecht. Das genau kann aber nicht gemeint sein. Es widerspricht dem Geist des (Grund-) Gesetzes – selbst wenn es Juristen gibt, die das anders sehen. Sie denken dann formalistisch, ohne den Geist des Gesetzes zu erkennen. Ja, wir haben Demonstrationsfreiheit. Wer jedoch schlägt, demonstriert nicht und muss bestraft werden – wie das Gesetz es befiehlt. Sogar – ich wiederhole – dann, wenn die Rechtspraxis den ursprünglichen Willen des Gesetzgebers uminterpretiert. Was also wollen wir? Was soll gelten? Wort oder Kampf?

Ja, das Eintreten für die Unversehrtheit des menschlichen Lebens und die Sicherung der Freiheit bedarf des Muts. Aufbringen sollen ihn die Bürger – im Auftrag der von ihnen frei gewählten Staatsträger, der Personen, die »den« Staat während ihrer demokratisch kontrollierten Amtszeit verkörpern bzw. repräsentieren. Diese Aufgabe endet mit ihrer Amtszeit. Deren Anfang und Ende bestimmt »der« frei wählende

Bürger. Der Kreis schließt sich: Am Anfang war der Bürger, und am Ende ist der Bürger, und das eine Ende ist bereits neuer Anfang und so weiter.

Ein »Aufstand« richtet sich gegen »den« Staat, nicht gegen einzelne Staatsbürger. Der Kampf der Bürgergruppe oder gar »-truppe« (weil Aufstand) A gegen die Bürgergruppe/-truppe B wäre Bürgerkrieg, nicht Aufstand. Spätestens hier wird der Phrasencharakter des Appells staatlicher Akteure zum Aufstand sichtbar. Es ist Gerede, nicht Gedachtes. Spätestens seit dem späten 18./frühen 19. Jahrhundert werden Institutionen staatlicher Gewalt personell – Polizei nach innen und Militär nach außen – mit den eigenen Staatsbürgern besetzt. Allein die in diesen Institutionen aktiven Personen, allesamt Staatsbürger, haben den staatlichen Auftrag, »Unanständige« zu belangen. Was immer unter »unanständig« verstanden werden soll. Das wäre eine politische Entscheidung des Staates, der die Rechtfertigung bzw. Legitimation seiner Definition allein der bei Wahlen ermittelten Bürgermehrheit verdankt.

Gewiss, Polizei und Militär brauchen mutige Bürger, also Bürger mit »Zivilcourage«. Weil sie jedoch im staatlichen Auftrag handeln, müssen und dürfen (!) sie keinen Aufstand wagen, denn – noch einmal! – ein Aufstand richtet sich gegen die eigene Staatsgewalt, nicht gegen welche Staatsbürger(gruppen) auch immer. Wenn ehrenwerte StaatsträgerInnen von den Bürgern den »Aufstand der Anständigen« vor allem gegen Fremdenfeindlichkeit, Rassismus, Antisemitismus und andere Dumm- oder Krankheiten und dafür Zivilcourage fordern, lautet ihre Botschaft: »Wir sind mit unserem Latein am Ende.« Und sie haben keine Ahnung, was das Wort Aufstand bedeutet.

So gesehen, umweht den Appell des Staates zum Einsatz

von Zivilcourage ein Hauch von Zivilisationsbruch. Und wenn schon kein Bruch, so doch ein Riss in den Errungenschaften der Zivilisation, also der staatlichen Eindämmung von Gewalt. Weniger dramatisch ausgedrückt lautet die staatliche Botschaft einmal mehr: »Wir wissen und können nicht weiter!« Wieder: »Wir sind mit unserem Latein am Ende.« Auch von diesem Blickwinkel ist das Fazit der Staatlichkeit des Staates niederschmetternd. Verschiedene Blickwinkel, ein Fazit. Das ist nicht verwunderlich, denn wir erleben in Deutschland und Westeuropa eine fünffache Revolution. Die traditionellen Institutionen haben ihre sinn- und moralstiftende Autorität verloren. Das gilt nicht zuletzt für die Kirche. Das Vakuum versucht das Politik-Personal zu füllen und erteilt, so die Schriftstellerin Julia Franck, quasi pastoral Rat und Weisung. Soziologen, Politologen, Historiker und Journalisten erklimmen ihrerseits den medialen Kanzelersatz. Eigentlich sind auch sie ratlos. Sie reden sich und anderen nur ein, sie wüssten und könnten deshalb raten. Dies führt zum weiteren Verlust von Autorität. Die Folge: Fast jedermann spielt sich heute als fachliche und moralische Instanz auf. Dabei wird meistens (Pseudo-)Fachliches mit (Pseudo-)Moralischem vermischt. Der Schwerpunkt liegt, mangels Fachlichkeit und Sachlichkeit, auf der (Pseudo-)Moral. Ausnahmen bestätigen die Regel.

II Die fünffache Revolution in Europa

Wer nur den Blick auf Deutschland richtet, wird weder bei der Ursachenerforschung noch bei der Lösung der Probleme auf einen grünen Zweig kommen. Die deutsche Krankheit ist eine europäische Krankheit. Die europäische Krankheit ist die Europäische Revolution, und die Europäische Revolution ist bei näherer Betrachtung eine *globale,* also eine weltweite Revolution.

Viele lassen als einzige Revolution der Gegenwart nur die »Kommunikationsrevolution« gelten. Kommunikation ist nichts Neues, man könnte sogar sagen, sie hat mit der Sprache oder mit der Erfindung der Schrift begonnen, sie bestimmt die gesamte Menschheitsgeschichte, aber durch das Internet und die digitale Vernetzung finden Information und auch Mobilisierung heute quasi in Echtzeit statt. Das ist ein, der (!) Unterschied zur Vergangenheit, und es lässt sich nicht bestreiten, dass dadurch unser Leben »revolutioniert«, grundlegend verändert, wurde. Daneben finden aber andere Revolutionen statt, die viel zu wenig beachtet werden, obwohl sie maßgeblich für Diagnose und Therapie der gegenwärtigen Probleme sind.

Man kann dies einwenden: Das »Revolutionäre« bestehe heute gerade darin, dass alles gleichzeitig geschehe und die

Menschen davon in Echtzeit erfahren. In der Französischen oder 1848er- oder Russischen Revolution konnte davon keine Rede sein. Stimmt. Allerdings verwechselt dieses Argument Kommunikation an sich mit der Geschwindigkeit von Kommunikation. Die europäische Revolution ist eine fünffache Revolution: Sie ist erstens und vor allem eine demografisch-gesellschaftliche Revolution, zweitens eine politisch-ideologische, drittens eine wirtschaftliche, viertens eine nationale und fünftens eine kulturelle Revolution.

Die demografisch-gesellschaftliche Revolution

Die demografische Revolution hängt mit der globalen Migration, das heißt mit der weltweiten Völkerwanderung, zusammen. Sie hat Europa längst erreicht. Wie jede Revolution stellt sie die Verhältnisse völlig auf den Kopf, wälzt alles um, dreht alles um.

Viele fragen: »Wollen wir multinational werden?« Die Frage ist falsch gestellt, denn wir sind schon längst multinational. Die Frage muss lauten: »Wie kann die multinationale Gesellschaft in Europa und Deutschland friedlich und gewaltlos gestaltet werden?«

Europa, besonders Westeuropa, auch Deutschland, ist nach dem Zweiten Weltkrieg multinational geworden. Ost- und Südosteuropa waren seit jeher multinational bzw. multiethnisch. Die eiserne Klammer der kommunistischen Diktaturen hat dies überdeckt. Seit 1990/91 brechen die alten Konflikte wieder auf und aus. Von West nach Ost nimmt in Europa die Gewalttätigkeit der gesellschaftlichen Revolution zu.

Zwei Ursachen sind in Bezug auf Westeuropa zu nennen: die Entkolonialisierung und die wirtschaftliche Anziehungskraft. Im Zuge der Entkolonialisierung strömten seit den späten 40er- sowie in den 50er- und 60er-Jahren viele Menschen nach Großbritannien, Frankreich, in die Niederlande, nach Belgien oder (seit Mitte der 70er-Jahre) nach Portugal. Diese Wanderungsbewegung betraf Deutschland nicht, denn Deutschland hatte seine Kolonien bereits im Ersten Weltkrieg verloren. Westeuropa wurde also früher als Deutschland (West-Deutschland) multinational. Auch deshalb brachen in Westeuropa die innergesellschaftlichen Spannungen zwischen Inländern und Ausländern früher aus als bei uns. Am Begriff der »skinheads« kann man die zeitliche Abfolge und die beklemmende Ähnlichkeit der Entwicklung erkennen. In den Armenvierteln der britischen Insel entstand in den 60er-Jahren die Skin-Bewegung. Die weiße Unterschicht, die benachteiligten Weißen, fühlten sich von indischen und karibischen Einwanderern bedroht. Gegen diese ethnischen Gruppen der Noch-Benachteiligteren und nicht gegen die weiße Oberschicht richtete sich die Angst und Wut der Skins. Eine politische Ideologie hatten die britischen Skins so wenig wie ihre deutschen Nachahmer, deren Weg so rein deutsch gar nicht ist, wie sie meinen. Statt Ideologie und Politik bieten sie Prügel und Fremdenhass. Inhaltliche Leere also, und genau das macht den ideologischen Kampf gegen diese Nicht-Ideologie so schwer. Hannah Arendt folgend könnte man von der »Banalität des Bösen« reden. Diese Banalität ist ideologisch nur übertüncht, sie ist eben keine wirkliche Ideologie. Sie bemächtigt sich der NS- und anderer faschistischer Symbole des publikumswirksamen Tabubruchs wegen.

Dies ist freilich nur eine Kategorie des Bösen, die nichtideologisch banale. Unideologisch könnte (und müsste) man sie durch die Polizei dämpfen und bekämpfen, ohne auf die langfristig notwendige Wirtschafts-, Sozial-, Ausbildungs-, Freizeit- und Strukturpolitik zu verzichten.

In Deutschland hat allein die wirtschaftliche Anziehungskraft seit den späten 50er-Jahren und nicht erst seit 2015 die traditionell nationalstaatliche Gesellschaft in eine multinationale verwandelt, in einem, historisch betrachtet, rasanten Tempo. Die Öffnung der Grenzen vollzog sich schneller als die Öffnung der Herzen und Köpfe. Die Köpfe über die menschlichen Folgeprobleme zerbrach sich kaum jemand. Hauptsache; man hatte Arbeitskräfte, zumal billige. Produzieren, produzieren, produzieren.

Selbst mit minimalen Kenntnissen der Geschichte oder auch nur geringer Einfühlsamkeit hätte jeder erkennen können und müssen, dass man Menschen nicht wie Waren importieren, nach Belieben abschieben, vernachlässigen oder gar unterdrücken kann. Man muss nicht die Geschichte der Juden in Europa oder der Schwarzen in Amerika kennen, um diese Feststellung zu treffen.

Was aber geschah? Gedankenlos und fröhlich, sogar gut meinend, empfing man den millionsten Gastarbeiter mit Blasmusik und anderem Tamtam. Gottlob: Austreibungen wie weiland mit den Juden sind nicht mehr möglich. Sklaverei wie einst in Amerika auch nicht. Ratlosigkeit folgte. Bei uns ebenso wie in den anderen Staaten Westeuropas. Die »Macht der Dummheit«, über die André Glucksman so vortrefflich schreibt, war also auch eine der Ursachen, die zu fremdenfeindlichen Folgen führte. Ungewollt, doch mitbewirkt.

Entkolonialisierung und wirtschaftliche Anziehungskraft hatten von 1945 bis 1989/90 die traditionell eher national einheitlichen Gesellschaften in Deutschland und Westeuropa multinational, multiethnisch, multikonfessionell und multinational umgestaltet bzw. umgekrempelt, also revolutioniert.

Die nächste Welle kam mit den Kriegen und Bürgerkriegen auf dem Balkan, von 1991 bis 1999, auf Westeuropa zu und am meisten auf Deutschland. Die Folgen sind bekannt. Fremdenfeindliche Ausbrüche und Gewalttaten.

So auch bei der folgenden von den Arabisch-Islamischen Revolutionen seit 2011 ausgelösten Welle. Ihre einstweilen mächtigste Wucht wirkte 2015. Wie besonders 1992/93 brannten wieder Flüchtlingsunterkünfte, und (man ist versucht zu sagen: natürlich) es wurden Juden, jüdische und israelische Einrichtungen nicht nur bedroht, sondern angegriffen. Das freilich war nicht allein, doch auch, auf die demografische Revolution zurückzuführen. Durch sie bekamen die alteingesessenen, einheimischen rechten sowie linken Judenfeinde Zulauf. Die einheimisch antijüdische Rechte und (!) Linke (man denke an die linksextremistische Vorhut der RAF, die 1969 ihren ersten antijüdischen Terrorakt gegen die Jüdische Gemeinde zu Berlin versucht hatte) erhielt, gewollt oder nicht, durch die demografische Revolution nah-plus-mittelöstlich-politische und islamistisch-scheinreligiöse Unterstützung.

Diejenigen, die Anstand hatten, also die Masse der Anständigen – es waren sehr viele, wahrscheinlich die Bürgermehrheit – organisierten (verständlicherweise) 1992 keinen Aufstand, wohl aber eindrucksvolle Lichterketten und Mahnwachen. Es waren großartige, bewegende Gesten der Mitmenschlichkeit – und leider auch Vergeblichkeit, denn sowohl vorher als auch nachher brannten Flüchtlingsheime und Migrantenwohnungen.

Keine Bürger-Mahnwache währt dauerhaft, denn Bürger

sind keine berufsmäßigen Wächter der inneren und äußeren Sicherheit. Wenn sie es sind, dann als Soldaten (für die äußere Sicherheit) oder als Polizisten sowie private Wachdienst-Leistende (für die innere Sicherheit). In arbeitsteiligen und nach dem Prinzip der Gewaltenteilung organisierten Gesellschaften kann es nicht anders sein. Anstand ist eine Bürgertugend und keine Dienstleistung. Die vom Sicherheitspersonal gewährleistete Sicherheit ist eine Dienstleistung und wird folgerichtig als solche in der arbeitsteiligen Gesellschaft von den übrigen Bürgern entlohnt. Dafür zahlen sie dem Staat Steuern, und der bezahlt das Sicherheitspersonal. Abgesehen von privat bezahlten Sicherheitsdiensten können nur die staatlichen Dienste, allen voran die Polizei (theoretisch), an 365 Tagen 24 Stunden am Tag Sicherheit bieten. Der Kreis schließt sich.

Jenseits der in jeder Hinsicht leuchtenden, aber unwirksamen Bürgeraktionen schritt 1993 auch »der Staat« zur Tat. Der deutsche Bundestag verschärfte mit dem sogenannten Asylkompromiss das Asylrecht. Die Situation beruhigte sich. Das Vaterland schlief ruhig. Es kamen weniger Flüchtlinge und Asylsuchende.

Doch 2014/15 erwies sich auch diese Mauer als weitgehend wirkungslos. Abgesehen von den gedanklich und wörtlich Beunruhigten sowie den dumpf Indifferenten gab es zwei unterschiedliche Bürgerreaktionen. Viele halfen den Neuankömmlingen geradezu aufopferungsvoll. Andere, wie Pegida, demonstrierten gegen die »Flut der Ausländer«. Wiederum andere demonstrierten gegen jene Demonstranten. Manchmal kam es zu Gewalttätigkeiten zwischen Demonstranten und Gegendemonstranten. Kein Aufstand nirgendwo. Aber wieder Terror durch Brandanschläge auf Flüchtlingsheime und Migrantenunterkünfte.

Dann die Großeskalation im Sommer 2015. Lichterloh brannten Flüchtlingsheime, militant wurden flüchtlingsfeindliche Akteure. Heidenau in Sachsen wurde zur Chiffre für jene Brutalitäten. Wieder markierten markige Worte die reaktive Rat- und Tatenlosigkeit staatlicher Institutionen und Personen gegen das rassistische Pack. Ja,»Pack«, hatte Vizekanzler Gabriel diese Brutalos genannt. Bravo, riefen viele. Geholfen hat das mächtige Wort nicht und nichts, denn es war kein Machtwort. Der Staat griff weder ein noch durch. Kurz danach pilgerte auch die Kanzlerin nach Heidenau. Wie ihr Vize wollte sie staatliche Entschlossenheit personifizierend versinnbildlichen. Das hatten auch ihre Kritiker wortreich und gedankenarm gefordert. Wie diese hatte die Kanzlerin offenbar körperliche Anwesenheit und Geste mit der Sache und Tat verwechselt. Ihr natürlich als Erfolg dargestellter Besuch geriet zum symbolpolitischen Debakel. Kess und keck wurde der Bundeskanzlerin »Wir sind das Pack« zugerufen. Nicht wie zur Wendezeit 1989/90 »Wir sind das Volk!«, sondern »Wir sind das Pack!«: nicht Volkssouveränität, sondern Packsouveränität und damit Verfall der Zivilität. Ohne Zivilität keine Zivilcourage. Die Dreistigkeit dieser Demonstranten und derer, die sich etwa durch Anhupen der Kanzlerin hervortaten, entbehrte nicht eines gewissen Mutes, einer Courage, doch ohne Zivilität keine Zivilcourage.

Der Steuerungsvorgang Politik wurde hier umgekehrt. Das Steuerungspersonal steuerte nicht, sondern wurde gesteuert. Aus einer anderen Perspektive erkennen wir hier die Krise der Staatlichkeit im Sinne des Steuerns und des Gewaltmonopols.

Noch krasser wurde es kurz danach beim Besuch des sächsischen Innenministers. Auch er wollte durch Präsenz Flagge zeigen. Ihn empfing kein rechtsextremistisches, sondern ein linksextremistisches Antifa(schisten)-Pack. »Hau ab, hau ab!«, skandierte diese Meute. Der Minister haute ab. Einmal mehr Packsouveränität statt Volkssouveränität, rechtsfreier Raum, staatlich hingenommen. Die Polizei sah sich »überfordert«.

»Ratlos« war auch der oberste Hirte der deutschen Katholiken, Kardinal Marx. Öffentlich räumte er ein, nicht zu wissen, wie man »solche Leute« noch erreichen könne. Auch seine evangelischen und jüdischen Kollegen konnten außer politischem Sirup wenig bieten. Im Sommer 2015 geriet die erhoffte staatliche Machtschau zur staatlichen Selbstdemontage, zur Schaustellung staatlicher Ohnmacht. Nicht nur die Person der Kanzlerin, die Institution(en), der Staat wurden regelrecht verhöhnt und vorgeführt.

Weil und wenn für die, jawohl, anständigen Bürger ohnmächtig, muss der Staat seine Bürger zu Hilfe rufen. Für sich und für die Bürger. Nein, das Abendland ist nicht (schon wieder) untergegangen, auch nicht unser Staat (auch nicht das vom Terror viel mehr heimgesuchte, innenpolitisch noch ohnmächtigere Frankreich), aber die Gefährdung des Staates als Staat ist in Deutschland und Frankreich (andere lassen wir beiseite) unübersehbar.

Die breite Mehrheit in Politik und Gesellschaft handelte gutwillig helfend, bemüht und doch eher hilflos. Im wohlmeinenden Klein-Klein gerieten die welthistorischen Dimensionen der Migration aus dem Blickfeld. Allenthalben Unsicherheit und Gefühlsaufwallungen in die eine und andere Richtung, pro und contra, kaum nüchterne Bestandsaufnahmen. Die Wenigsten schauten über ihren eigenen Tellerrand hinweg, und wieder wurde an die Anständigen appelliert. Anders als im Oktober 2000 durch Bundeskanzler Gerhard Schröder wurden sie 2014/15 nicht zum Aufstand aufgefordert, sondern zu erhöhter Wachsamkeit, Hilfsbereitschaft und – versteht sich – Zivilcourage. Dass der Aufstandsaufruf unterblieb, lag wohl nicht nur am unterschiedlichen Temperament der Bundeskanzler. Im Jahre 2000 der Schaumann Gerhard Schröder, 2014/15 die Analytikerin und Strategin Angela Merkel. Ein Appell zum Aufstand der Anständigen hätte nicht nur ihrem Temperament widersprochen. Er hätte eine zu offenkundige Bankrotterklärung des Staates durch seine Repräsentanten bedeutet. Das Schlagwort »Zivilcourage« war an sich schon klar genug. Wer's verstand, verstand's: Der Staat wusste nicht ein noch aus. Natürlich wurde das so nicht gesagt. Merkel schwieg Gold, ihr Parteifreund, Sachsens Ministerpräsident Stanislaw Tillich, redete im Geiste Gerhard Schröders Silber. Einen »Aufstand gegen Hass und Gewalt« forderte er nach den Schrecklichkeiten von Heidenau im August 2015. Ein Vertreter des Staates ruft quasi als Staat seine Bürger zum Bürgerkrieg auf. Ein neues Kapitel im Buch über »Die Schildbürger«.

Das ist der Migrationen und Völkerwanderungen Kern: Seit jeher sind sie Teil der Menschheitsgeschichte. Wer sich ihnen entgegenstemmte, erzielte kurzfristige Abwehrerfolge. Langfristig scheiterte diese Methode. Der Limes half dem Römischen Reich so wenig wie die Chinesische Mauer dem Chinesischen. Völkerwanderungen können nicht durch Mauern verhindert werden, sondern (abgesehen vom Klimawandel) nur durch den fundamentalen politischen und wirtschaftlichen Total-Umbau am Herkunftsort der wandernden Völker. Hier ist nicht der Ort, die notwendigen Rekonstruktionen darzustellen. In meinem Buch ›Zum Weltfrieden‹ habe ich das versucht.

Einige Zahlen zur Veranschaulichung der demografisch-gesellschaftlichen Revolution in unserem Land: 1958 lebten in Westdeutschland 127 000 Ausländer. 1966 waren es 1,3 Millionen; 1972 schon 2,3 Millionen, am Vorabend der Wiedervereinigung 4,8 Millionen, und heute leben im vereinten Deutschland rund 7 Millionen. Gegenwärtig, 2016, hat ungefähr jeder fünfte Einwohner in Deutschland, Frauen natürlich inklusive, einen »Migrationshintergrund«. Nicht nur ideologisch und staatsrechtlich, sondern demografisch, gesellschaftlich ist binnen kürzester Zeit ein ganz und gar neues Deutschland entstanden. Wenn das keine Revolution ist. Sie musste, sie hat die Alteingesessenen ebenso verunsichert wie die Neuankömmlinge, unter denen es inzwischen längst ebenfalls Veteranen gibt.

Die Einwanderungsströme aus den Ländern der Dritten Welt haben die nördliche Halbkugel in den vergangenen Jahrzehnten buchstäblich überschwemmt. Die Zahl wächst und wächst und wächst. Zum einen wegen der vielen Kriege und politischen Verfolgungen, zum anderen wegen der wirtschaftlichen Anziehungskraft Westeuropas, besonders Deutschlands. Im Jahre 2014, so der UN-Flüchtlingsbericht, stellten in Deutschland 67 400 Menschen Asylanträge. Das war weltweit die höchste Zahl. Erst auf Platz zwei folgten die USA mit 47 500, Frankreich auf drei mit 29 900. Das heißt freilich nicht, dass Deutschland, die USA oder Frankreich die meisten Flüchtlinge aufgenommen hätten. Das hatte Pakistan mit 1,6 Millionen, Libanon 1,1 Millionen, der Iran 982 000, Türkei 824 000, Jordanien 737 000.

Fazit: Die aufnehmenden Gesellschaften wurden transformiert bzw. grundlegend verändert, sie wurden »umgedreht« bzw. revolutioniert – und die Menschen verunsichert.

Umgekehrt, unter anderen Vorzeichen, gilt Gleiches für

die Zuwanderer. Sie wurden, freiwillig oder nicht, transplantiert und sozusagen wie ein Baum ver- oder umgepflanzt. Kaum eine Transplantation verläuft problemlos. In ihrer alten Heimat sind die Neuankömmlinge nicht mehr, in der neuen noch nicht. Auch ihre Welt wurde transformiert und revolutioniert. Doch was ist ihre Welt? Ihre alte haben sie verloren, eine neue, in der sie sich heimisch fühlen, die ihnen Heimat ist, haben sie nicht. Ob das selbst- oder fremdverschuldet geschah, ist nicht entscheidend. Es ist so. Manche resignieren, manche rebellieren, manche terrorisieren, manche wollen sich integrieren. Spiegelbildlich die Alteingesessenen – und ebenfalls unabhängig von den jeweiligen Größenordnungen: Manche können und wollen die Neuen integrieren, tolerieren, akzeptieren, manche drangsalieren, diskriminieren, liquidieren.

Beidseitige Verunsicherung und Angst waren und blieben die Reaktionen auf diese Revolution. Hinzu kamen wirtschaftliche Ängste, vor allem die Angst mancher, mehr teilen zu müssen. Die Geberlaune der Westdeutschen war schon den eigenen Landsleuten gegenüber alles andere als eindrucksvoll. Einzelne deutsche Aussiedler oder Übersiedler unterstütze man gerne, aber gleich tausende oder gar hunderttausende? Nein danke. Wiedervereinigung? Ja, sagten Anfang 1990 auch die Westdeutschen, aber bitte zum Fast-Nulltarif. Ausländerfeindlichkeit? Vielleicht auch, aber in erster Linie Geiz und Hartherzigkeit, Ausländern *und* Inländern gegenüber. Die ärmeren Inländer, also die Ostdeutschen, möchten von dem Wenigen oder Wenigerem, das sie haben, auch nichts abgeben, obwohl sie deutlich mehr haben als die Armen dieser Welt, seien sie in Deutschland oder außerhalb. Spenden ja, aber wirklich teilen? Nein. Solidarität verkommt zur unverbindlichen Phrase. Nur als verord-

nete Maßnahme ist sie durchsetzbar. Stichwort: »Solidari-
tätsabgabe.« Freiwillig? Undenkbar. Willkommenskultur?
So lange »sie« uns nicht zu nahe kommen.

Die politisch-ideologische Revolution

Von der politisch-ideologischen Revolution ist Westeuropa
nur scheinbar nicht betroffen, Osteuropa seit 1989 sehr hef-
tig. Stichwort: Fall des Kommunismus. Deutschland liegt be-
züglich dieser politischen Revolution nicht nur geographisch
in der Mitte. Im deutschen Osten, nicht im deutschen Westen fand eine politische Revolution statt. Sie veränderte
durch die Wiedervereinigung zweifellos auch das westliche
Gemeinwesen.

Wieder erkennen wir das West-Ost-Gefälle der euro-
päischen Revolution. Und wieder ist die Umwälzung in
Deutschland dramatischer als im übrigen Westeuropa. Oder
doch nicht? Im Mutterland der Demokratie, in Großbritannien, wurden Nationalisten, Ukip, eine Art Schwesterpartei
der deutschen AfD, bei den Europawahlen stärkste Partei.
Weder die konservativ-liberale Koalition noch die Labour-
Opposition forderte einen Aufstand der Anständigen. Auf
die Barrikaden gegen parteipolitisch (viel zu) erfolgreiche
Nationalisten und Fremdenfeinde schickten (nur bislang?)
auch die anderen Demokraten Europas ihre Anhänger nicht.
Weder in Norwegen noch in Schweden, Finnland, Dänemark, den Niederlanden, Belgien, Österreich, Schweiz und
so weiter und so weiter. Der Westen hat den Kalten Krieg
politisch gewonnen. Er hat ihn nicht gewonnen, weil er gesellschaftlich und politisch so stark, sondern weil der Kom-

munismus so schwach, ein politischer und wirtschaftlicher Papiertiger war, jedoch ein hochgerüsteter. Geistig war »der« Westen, zumindest die westliche Avantgarde der Revolution von 1989, die Bundesrepublik Deutschland, so inspirierend geistreich, dass 1988 über das Pro und Contra von Flugbenzin für Privatjets wochenlang diskutiert wurde.

So schuf sich sogar der Geist quasi selbst ab. Die traditionellen Institutionen hatten schon damals und jetzt erst recht ihre Bindekraft verloren. Sie sind längst nicht mehr die politische, gesellschaftliche oder sinnstiftende, seelenbindende, seinsmoralische und seinsfaktische Heimat der Menschen. Weder die Parteien noch Gewerkschaften oder die Kirchen. Sie konzentrieren sich auf wohlfahrtsstaatliche, allgemein-, sexual- oder sicherheitspolitische Themen, wo sie mit anderen, kompetenteren Akteuren konkurrieren – und natürlich verlieren. Sie verlieren erstens diese Konkurrenz, zweitens ihre Mitglieder und somit drittens Geld. Insofern betreiben die beiden großen Kirchen, die evangelische mehr als die katholische, zumindest in Deutschland, ihre Selbstabschaffung als Kirche, also als Seelen- bzw. seelsorgerische Institution. Ihr sinn- und ethikstiftendes Monopol hat sie ohnehin längst verloren. Ergo: Nicht nur der Staat, der Leib, schafft sich ab, auch die selbsternannte und lange als Seele des Individuums sowie des Kollektivs geltende: die Religion, genauer: deren Institution, die Kirche. Medien, Wissenschaft und Literatur? Fehlanzeige.

Für die Mehrheit der Muslime in Nahost sowie der Diaspora scheint »die« Moschee (die es als Zentralinstitution nicht gibt) noch der letzte Rettungsanker (Strohhalm?) im Dasein zu sein.

Ohne echte, weil wirklich lebensgefährliche Zivilcourage Einzelner und der Millionenmassen wäre es nie zur friedlichen Revolution von 1989 gekommen. Weder in der DDR noch in den anderen Ostblockstaaten, und im August 1991 hätten in der (Noch-)Sowjetunion die Altkommunisten die Oberhand gewonnen. Stattdessen Putin seit 2000 ...

Die osteuropäische Revolution von 1989/91 wirkte global. Alte Staaten zerfielen, neue entstanden. Keine neue Weltordnung entstand, sondern eine neue UNordnung und UMordnung in der Welt, also eine Revolution der Staatenwelt. Diese Revolution ist noch immer im Gange – weit über Europa und Nah- oder Mittelost (Syrien, Libyen, Irak, Afghanistan) hinaus, aber auch in Europa (Schottland, Katalonien, Ex-Jugoslawien und anderen), Ukraine, Krim.

Die nationale Revolution

Die nationale Revolution hatte in Westeuropa bereits lange vor 1989 zu den Krisenerscheinungen und auch zu den ausländerfeindlichen Verbrechen geführt, die uns bis heute so beunruhigen. Deutschland blieb von ihnen zunächst weitgehend verschont. Großbritannien und Frankreich hatten sie, wie gesagt, früher durchlitten. Schlagartig (im wahrsten Sinne des Wortes: schlagartig) und gleichzeitig brach 1990 die Welle der Revolution über Deutschland. Sie eskalierte. Im August 1992 randalierten Rechtsextremisten vor einem Asylbewerberheim in Rostock-Lichtenhagen. Sie steckten es in Brand, und etwa 3000 Zuschauer klatschten begeistert. Die Politik wusste nicht ein noch aus. Sie rief das Volk zu Hilfe. Wunderbar eindrucksvolle Lichterketten wurden organisiert. Die Politik half mit und aus, indem sie zum Beispiel am 8. November 1992 die bereits erwähnten Großdemonstrationen »Gegen Fremdenfeindlichkeit und Antisemitismus« als (Standardvokabel) »Zeichen« der »Zivilcourage« organisierte. Danach ging es erst richtig los: Die Morde an Ausländern in Mölln schon am 23. November 1992, der Brandanschlag von Solingen am 29. Mai 1993. Sie folgten natürlich nicht wegen, sondern trotz der ehrenwerten Demonstrationen. Sie waren eben kein Politikersatz.

Die westeuropäischen Islamisten waren von den gegen sie gerichteten, weltweiten Demonstrationen der Zivilcourage so beeindruckt, dass sie unverdrossen weitere Terrorakte planten. Mit viel Glück wurde nur eine Woche »nach Paris« in Belgien in letzter Minute von den Sicherheitskräften ein Terrorakt verhindert. Dann der Mega-Terror von Brüssel am 22. März 2016. Man muss kein Prophet sein, um vorherzusagen, dass die Terroristen, trotz der demonstrierenden, demonstrierten und demonstrativen Zivilcourage ihr Teufelswerk fortsetzen werden. Ähnelt dieser Bürgermut nicht dem Pfeifen im Walde?

Teil der gesellschaftlichen ist die *nationale Revolution*. Auch sie hat gesamteuropäische und nicht nur deutsche Dimensionen.

Wer sind wir? Was verbindet uns? Welche Tradition leitet uns? Bindet uns die Tradition? Welche Tradition? Die Religion? Das gemeinsame Schicksal der Vergangenheit? Die Sprache, etwa – o je – die ethnische Herkunft? Die Kultur? Was also? Diese und andere Fragen der nationalen Identität bestimmen seit 1989/90 wieder die deutsche und noch heftiger die osteuropäische, die südosteuropäische, nicht jedoch die westeuropäische Diskussion. Endlich hatten die Völker ihr Joch abgeworfen, konnten sie selbst, eine Nation, ein Nationalstaat sein: »Wir sind das Volk, wir sind ein Volk!« – um festzustellen, dass »Wir« mehrere Völker in einem Staat geworden waren, durch Entkolonialisierung und Wirtschaft.

Endlich, endlich waren die Baltischen Staaten seit 1991 frei von der Sowjetunion. Aber frei von russischen Mitbürgern sind insbesondere weder Lettland noch Estland. Frei war seit 1991 auch die Ukraine, um dann festzustellen, dass es, recht besehen, mindestens zwei Ukrainen gab: eine westliche und eine östliche. Wer oder was ist »die« Ukraine?

Wer oder was sind die Nationalstaaten Westeuropas, wer oder was ist Deutschland? Wer ist deutsch und Deutscher? Warum also nur auf den Osten Europas blicken? »Black«, Schwarz, sind breite Bevölkerungsgruppen zum Beispiel in Frankreich, Großbritannien, Italien, den Niederlanden, Belgien. Als sich Ende der 90er-Jahre der Rassist und Antisemit Jean-Marie Le Pen darüber mokierte, dass Frankreichs Fußball-Nationalmannschaft »nicht mehr« aus »echten Franzosen«, sondern auch Schwarzen bestand, meinte er das zweifellos diskriminierend und rassistisch. Widerlich. Die Feststellung an sich war dennoch nicht falsch. Nachdem die Bunt-Franzosen 1998 Weltmeister geworden waren, hatte sogar Le Pen die »schwarzen Franzosen« (zeitweilig) ins politische Herz geschlossen; frei nach dem Motto: »Der Torjäger-Neger: integer / Als Flop: ex und hopp.«

Inzwischen sind längst auch die Kickertruppen der scheinbar urgermanischen Germanen = Deutschen, Engländer, Niederländer und sogar der österreichischen Alpengermanen ethnisch und religiös kunterbunt. Das »fußball-christliche Abendland« ist morgenländisch (würden manche sagen) »durchmischt«.

Erfolgreiche Schwarze sind nicht nur bei Le Pen beliebt, auch bei Herrn und Frau Jedermann. Ganz anders sieht es aus, wenn der Schwarze das Tor des Gegners nicht trifft oder gar ein Eigentor verursacht. Das Volk will sich dann von diesen »Versagern und Parasiten« befreien. Befreien im Sinne von »wie Abfall entsorgen«.

Historische Urkräfte sind auch bei dieser Revolution am Werk, und, ja, es walten, wie bei jeder Revolution, rohe Kräfte. Wie will, soll, kann sich da Herr oder Frau Biedermann behaupten? Urkraft gegen Kraftlosigkeit, Mäuse gegen Löwen. Nicht einmal brüllen kann Herr oder Frau Maus gegen (meistens) Herrn Löwe. Zivilcourage. Wie soll das gehen? Ein Dritter muss Mäuse vor Löwen schützen, Faustrecht und Selbst»justiz« durch das Gewaltmonopol beenden. Dieser Dritte kann nur der Staat sein.

Alle Westeuropäer haben, vergleichenden Umfragen zufolge, ein wesentlich ungebrocheneres Nationalgefühl als die Deutschen. Kein Wunder, denn ungebrochen kann eigentlich niemand die deutsche Geschichte des 20. Jahrhunderts annehmen. Geradezu unmoralisch wäre ein ungebrochener deutscher Nationalismus der herkömmlichen, aggressiven, nach außen gerichteten Art. Aber auch ein nach innen, gegen nichts und niemanden gerichteter? Ein solcher nach innen gerichteter Nationalismus ist notwendig. Wer sich selbst als Person und Nation nicht annimmt, kann auch seine Umwelt nicht akzeptieren. Wer Häme über die Befürworter eines solchen nach innen gerichteten Nationalismus gießt, betreibt unwillentlich, aber höchst wirksam das Spiel »Fremdenfeinde«. Wer mit sich selbst, nach innen, in Unfrieden lebt, ist auch nach außen nicht friedensfähig. Auch das ist Teil der deutschen Krankheit. Sicher ist, dass eher verunsicherte als gefestigte Menschen andere angreifen, nur weil diese Fremde sind.

Umgekehrt ist die Identitätskrise als Teil der nationalen Revolutionen nicht nur eine deutsche oder französische

oder allein westeuropäische Krankheit der Alteingesessenen. Auch die Neubürger sind verunsichert und in sich ge-
spalten, einzeln und kollektiv. Die historischen Mechanismen wirken hier wie bei den Alteingesessenen gewaltför-
dernd. Wieder sei gefragt: Zivilcourage gegen Urkräfte?
Rückfall ins Mittelalter ohne das staatliche Gewaltmonopol?

Die wirtschaftliche Revolution

Die wirtschaftliche Revolution in Europa hängt eng mit der
politischen zusammen. Ihr Kennzeichen: Der seit 1989/91
vollzogene fundamentale Wandel Osteuropas von der kommunistischen Planwirtschaft zur Marktwirtschaft, die ihrerseits vorher, nachher, gegenwärtig und sicher auch künf-
tig innerhalb ihres Geltungsbereichs Kritiker, Gegner und
Feinde hatte, hat und haben wird. Fast gleichzeitig erlebten
und erleben wir die Digitale Revolution. Beide Wirtschafts-
revolutionen sind zugleich gesellschaftliche. Ihre Verwerfun-
gen sind fundamental. (Sonst wären es keine Revolutionen.)
    Eine Folge der wirtschaftlichen Revolution ist die Tat-
sache, dass Millionen Menschen im Produktionsprozess
entweder »wegrationalisiert« oder gar nicht erst gebraucht
wurden. Diese elementare Frustration ist für Ältere und erst
recht Jüngere keine Motivation, inneren Frieden mit dem
neuen »System« zu schließen. Frustrierte und Resignierte
sind schneller als Satte auch Radikalisierte. Besonders junge
Radikalisierte greifen »die da« an, Inländer ebenso wie Ausländer. Die Angegriffenen wehren sich natürlich. Aber ein
schlechtes Gewissen haben manche dabei trotzdem, denn

sie wissen: »Der ist ein armer Tropf.« Sie fragen sich: »Soll ich durch Zivilcourage das Leben dieses armen Tropfes noch weiter belasten?« Ob armer Tropf oder nicht, Terror kann nicht hingenommen, muss aber in erster Linie durch Vorbeugemaßnahmen verhindert werden. Zivilcourage verhindert Terror nicht.

Die wirtschaftliche Revolution betrifft Ost- und West- und Südeuropa. Sie verschärft vor allem die ohnehin schon vorhandenen gesellschaftlichen und politischen Spannungen.

Auch hier lastet auf Deutschland ein größerer Problemdruck als auf anderen westeuropäische Staaten. Es hat einen eigenen, internen Ost-West-Konflikt, und auch der Süden kommt scharenweise ins Land: aus dem Balkan, der Türkei Nah- und Mittelost.

Die wirtschaftliche Last und Lage Deutschlands wird durch ausländerfeindliche Verwirrungen und Verbrechen zusätzlich erschwert, neuerdings auch durch »Willkommenskultur«. Warum? Die deutsche Wirtschaft hängt vom Export ab. Jeder Export hängt nicht zuletzt vom guten Willen der möglichen Käufer im Ausland ab, und dort verringert jede schlechte, ausländerfeindliche oder – absurd – zu migrationsfreundliche Tat oder Demonstration in Deutschland den guten Willen gegenüber Produkten aus Deutschland. »Deutsche Wertarbeit« hin oder her, auch die politische Psychologie entscheidet über den Exporterfolg. Ganz abgesehen davon hört man, dass zum Beispiel auch nichtdeutsche Autos fahren und andere nichtdeutsche Güter ebenfalls funktionieren und sogar preisgünstiger sind. Warum sollen Ausländer in Goethe-Instituten oder woanders Deutsch lernen, wenn Deutsche (besser: deutsche Minderheiten) sie anpöbeln oder gar, wie 1992, anzünden oder auch nur unfreundlich empfangen und behandeln? Ausländerfeindliche

Aktionen und Verbrechen entsprechen also wirtschaftlichem Selbstmord – von der Unmoral ganz zu schweigen.

Seit 2015 schadet umgekehrt Deutschlands Ausländerfreundlichkeit dem deutschen Image bei vielen. Sie sehen moralische Großmannssucht in Deutschland. Mit Wilhelm Busch ließe sich sagen: »Nur die allerdümmsten Kälber wählen ihren Metzger selber.« Brauchen wir Zivilcourage gegen Arbeitnehmer oder Arbeitslose (In- oder Ausländer), die den deutschen Export und damit letztlich ihre eigenen bestehenden oder erhofften Arbeitsplätze gefährden? So oder anders: Was sollen »die« Deutschen tun?

Unsere Wirtschaftsrevolution ist strukturell mehr als konjunkturell eine Wirtschaftskrise, aber Lamentieren ein Beweis von deutschnationalem Provinzialismus. Wer über den deutschen Tellerrand hinausschaut, erkennt unschwer: »Uns geht's ja noch gold.« Auf vielen Auslandsreisen höre ich oft: »Wenn schon Sie in Deutschland und Westeuropa an der Situation verzweifeln, was sollen wir dann sagen?« So ist es. Wir sind unzufrieden? Mit unseren dicken Bäuchen, die möglicherweise unfreiwillig etwas abgespeckt werden? Was sollen die Menschen außerhalb Europas und der USA sagen? Was wollen wir ihnen sagen? Gerade dem armen und ärmsten Ausland gegenüber haben wir die wirtschaftsmoralische Verpflichtung, unsere Krise zu überwinden. Uns helfend helfen wir diesen Menschen. In ihrer Heimat besser als hier, denn hier sind sie entwurzelt. Auch das ist Ausländerpolitik. Um uns herum verhungert die Welt, brennt die Welt, und wir haben Angst, fühlen Unsicherheit, Unzufriedenheit, Staatsverdrossenheit und reden von Perspektivlosigkeit.

Perspektivlosigkeit auch durch Arbeitslosigkeit? Gewiss,

ein furchtbares Problem. Aber weniger in Deutschland als anderswo in Europa. Machen wir es fruchtbar, indem wir über internationale Aufbauhilfe mit arbeitslosen Jugendlichen nachdenken? Warum nur Arbeitslose? Könnte man nicht nach den Phrasen die Phasen der nationalen und internationalen Solidarität einleiten, zum Beispiel durch eine Art Friedens- und Aufbaukorps junger Männer und (!) Frauen im In- und Ausland? Statt Friedensreden gäbe es Friedenstaten, das Individuum würde von der Gesellschaft nicht nur nehmen, sondern ihr auch etwas von sich geben. Das Ich würde nicht (und soll nicht) im Wir untergehen, aber der Einsatz würde vom Ich zum Wir oder vom Staat A zum Staat B eine Bürger-Brücke bauen. Ja, es gibt solche Organisationen. Allerdings bleiben dabei die Idealisten unter sich. Sie garantieren Tiefe. Mehr Breite wäre wirtschaftlich und ethisch zu wünschen. Wenn die EU, wie sie sagt, die Ursachen der Flüchtlingsbewegungen überwinden möchte, könnte sie hier beginnen. Hilfe für Menschen, bevor sie Flüchtlinge werden, damit sie keine Flüchtlinge werden. Wenn die aus welchen Gründen auch immer Radikalisierten zu Angreifern, Kriminellen oder Terroristen geworden sind, wird Zivilcourage im chronologischen Sinn erforderlich. Sie löst weder die Misere des Opfers noch die (andere) des Täters. Ein solches Korps wäre mehr als Bürgermut. Es wäre durchdacht und wirksam, kein Machen um des Machens willen. Wäre ein solches Korps kostspieliger als volkspädagogische Projekte im Inland? Es gäbe jedenfalls Lebenssinn und Zufriedenheit. Wer zufrieden ist, bombt nicht. Das klingt naiv, ist aber empirisch und wird plakativ durch die Floskel »Frustration führt zu Aggression« zusammenfassend vereinfacht.

Die kulturelle Revolution

Die kulturelle Revolution Europas (um Maos Blutwort
»Kulturrevolution« zu vermeiden) ist älter als die übrigen
skizzierten. Den »Untergang des Abendlandes« beklagen
vornehmlich Konservative schon seit Jahrzehnten. Nichts
Neues also. Wir können und wollen dieses Thema nicht
vertiefen; auch nicht den Wertewandel, der in Deutschland,
in Westeuropa, im Westen schlechthin, seit den 1960er Jah-
ren zu beobachten war. Vorangegangen war der sechsmillio-
nenfache nationalsozialistisch-deutsche *Zivilisationsbruch.*
Eine glänzende Formulierung des immer klug anregenden
deutsch-israelischen Historikers Dan Diner.

Unabhängig von den millionenmörderischen Dimensionen und der so modischen Tabellierung des Grauens beziehungsweise der historischen Verbrechensrangfolge ist die
Tatsache unbestreitbar, dass der NS-Zivilisationsbruch, also
die staatlich programmierte und organisierte Juden-, Volks-
und Völkervernichtung, in diesem grausamen 20. Jahrhundert keineswegs auf Deutschland beschränkt blieb. Millionen von Opfern des sowjetischen, chinesischen und kam-
bodschanischen Kommunismus bezeugen diese Aussage
ebenso wie die zahllosen Menschen, die von rechtsautoritä-
ren und faschistischen Diktaturen ermordet wurden. Wer
heute Nachrichten liest, sieht und hört, erkennt unschwer:
Den zumeist sanften Revolutionen von 1989, auch der Sanften Deutschen Revolution von 1989, folgte das unsanfte Er-
wachen: ein neuer Zivilisationsbruch. In verschiedenen Dimensionen, versteht sich.

»Über den Prozess der Zivilisation« hat Norbert Elias
wohl am schärfsten nachgedacht. Für ihn ist »Zivilisation«
der »gesellschaftliche Zwang zum Selbstzwang«. Einfacher:

»Zivilisation ist der Schutz des Menschen vor dem Menschen, vor der unmenschlichen Gewalt von Menschen gegen Menschen.« Zivilisation, so Norbert Elias, dämpfe die »spontanen Wallungen«, sie führe zur »Zurückhaltung der Affekte«.[1] Dabei wird die »Bedrohung, die der Mensch für den Menschen darstellt ... durch die Bildung von Gewaltmonopolen einer strengeren Regelung unterworfen und wird berechenbar... Die Gewalttat ist kaserniert.«[2] Ergo: Zivilisation statt Zivilcourage. Oder anders ausgedrückt: Wo und wenn Zivilisation funktioniert, braucht man keine Zivilcourage.

Entscheidendes Instrument einer funktionierenden Zivilisation ist das Parlament. Diese gesetzgebende Gewalt (Legislative) ist diejenige staatliche Institution, die gesellschaftliche Gewalt am sicht- und hörbarsten »kaserniert«, also zivilisiert. Hier schlagen die gesellschaftlichen Gruppen, repräsentiert (im Sinne von gegenwärtig gesetzt) mit Worten, aber nicht mit Gewalt oder, schlimmer noch, mit Waffen aufeinander ein.

Ohne eine ausführende Gewalt (Exekutive beziehungsweise Regierung) ist die gesetzgebende und zugleich kontrollierende Gewalt macht- und wirkungslos. Ob Legislative und Exekutive nach Recht und Gesetz handeln, überwacht die rechtsprechende Gewalt (Judikative).

Im Klartext: Garant der Gewaltkontrolle, der »Zivilisation«, ist Staatlichkeit, ist der Staat an sich. Dieser Garant ist weder Götze noch Gott oder Selbstzweck. Er ist Mittel zum Bürgerzweck. In einem funktionierenden Staat muss der Bürger zu seinem und seines Nächsten Schutz keinen Bür-

---

1 Norbert Elias, Über den Prozess der Zivilisation, Band II, Frankfurt am Main 1969, S. 322.
2 Elias, Band II, S. 325.

germut (Zivilcourage) zeigen. Er (und sie, versteht sich) kann als Bürger Arbeit und Neigungen nachgehen, ohne gleichzeitig quasi Polizist oder Soldat zu sein – es sei denn, er ist Polizist oder Soldat.

Der Staat erfüllt lediglich und vor allen anderen diese Funktion: den Schutz seiner Bürger nach innen und außen. Der Staat schützt seine Bürger. Nicht die Bürger schützen sich selbst. Das gliche der Selbstjustiz und dem Faustrecht des Mittelalters.

Die zivilisatorische Errungenschaft der Frühen Neuzeit (seit ca. 1500 u. Z.) besteht – als Reaktion auf Rebellionen und Bürgerkriege unterschiedlicher Art und Intensität – gerade in der Überwindung von Faustrecht und Selbstjustiz des Mittelalters. Landrecht ersetzte allmählich Faustrecht, das Wort die Waffe. Im Anfang war das Wort. Und das Wort war beim Parlamentarier, im Parlament, also in *der* Institution der Zivilisation. Es wurde Staat.

Aus der Vielzahl ausübender und unkontrollierter Gewalten durch jeden und alle entwickelte sich die Einzahl, also das (zunächst von Rechts- und Politikkontrolle losgelöste, »absolutistische«) *staatliche Gewaltmonopol*, dann das von Parlament und Rechtswesen kontrollierte Gewaltmonopol des demokratischen Staates. Nicht der Staat an sich sichert Zivilisation, sondern der demokratisch, also vom Volk(ssouverän) bestimmte und letztlich kontrollierte Staat.

Diese gewaltenteilende Einheit staatlicher Dreiheit seit 2016 festzustellen, bedeutet wahrlich nicht die Entdeckung Amerikas. Dennoch scheint es notwendig, dieses Prinzip der zivilisierten Staatsorganisation wieder stärker ins Bewusstsein zu rücken. Im 20. Jahrhundert wurde das staatliche Gewaltmonopol in zahlreichen Staaten Europas, besonders im nationalsozialistischen und auch im kommunistischen

Deutschland, mal mehr, mal weniger totalitär missbraucht. Statt die Bürger durch sein Gewaltmonopol vor Gewalt zu (be)schützen, setzte der Staat das Gewaltmonopol auch und sogar gegen seine eigenen Bürger ein.

Der »Zivilisationsbruch« bestand darin, dass die Gewalttat eben nicht mehr kaserniert, sondern staatlich programmiert war. Das staatliche Gewaltmonopol wurde nicht zur Verhinderung der Gewalttat benützt, sondern zu ihrer Durchführung. Der Staat brach die Fundamente und Regeln der Zivilisation. Deshalb »Zivilisationsbruch«.

Dass nach Nationalsozialismus und DDR gerade in Deutschland *dem* Staat von vielen misstraut wird, überrascht nicht, obgleich die alte seit 1949 ebenso wie die neue Bundesrepublik seit 1990 eine demokratische Erfolgsgeschichte ist.

Wo Licht, ist auch Schatten: Ja, eine der großen zivilisatorischen Errungenschaften ist im Bereich der Politik die Konfliktaustragung in den Institutionen. Hier ist die Suche nach dem Kompromiss leichter als im außerinstitutionellen, außerparlamentarischen Rahmen oder gar auf dem Schlachtfeld. Parlamentarismus als Alternative zu Mord und Totschlag. Eine große zivilisatorische Errungenschaft. Weniger das Ergebnis menschlicher Vernunft als leidgeprüfter Einsicht.

Durchdacht sei die Kehrseite der Medaille: Politik wird im Parlament zur formalisierten, oft sinnentleerten Routine und zum Ritual. Sie motiviert die Menschen immer weniger, ja, sie demotiviert. Um gegenzusteuern, greifen auch Vertreter des parlamentarischen Systems zunehmend zu außerparlamentarischer, plebiszitärer Politik. Eine Demonstration jagt die andere – oft für einen guten Zweck. Nicht zu vergessen Bürgerentscheide und Ähnliches. Wir sägen damit den Ast ab, auf dem wir bisher gut saßen. Das zeugt von Selbstkritik und steht für ehrenwerte Motive, aber es erschwert die politische Steuerung, es vermindert die Legitimität der parlamentarischen Institutionen, die Errungenschaften der Zivilisation. Es setzt die aus- und zunehmend gegeneinander gerichteten Gesellschaftskräfte frei, auch zum Schlagabtausch im wörtlichen Sinne. Teilnehmer der Demonstration A schlagen auf die von B ein und umgekehrt. Wer beweist Zivilcourage: A oder B?

In gewaltig revolutionären und deshalb gewalttätigen Zeiten findet der Schlagabtausch auf der Straße statt. Gewalt eskaliert. Der Staat kann ihr kaum gegensteuern, geschweige denn sie kasernieren. Die Gesellschaft wird immer gewalttätiger. Es jagt nicht nur eine Demonstration die andere, sondern auch eine Gegendemonstration die andere Gegendemonstration. Mit Gewalt, versteht sich. Gegen Inländer ebenso wie gegen Ausländer. Zivilcourage ist dann nur noch eine Frage der individuellen oder gruppenbezogenen Definition in einem Gemeinwesen, das, streng genommen, keine Zivilisation (mehr) ist.

Wechselnden Minderheiten gelingt es dabei, der Mehrheit die politische Tagesordnung aufzuzwingen oder sie wenigstens umzufunktionieren. Die Gewalttätigkeit von Minderheiten prägt das Bild (»Image«) der Nation nach innen und außen. Mit dem tatsächlichen Bild, mit den wirklichen Mehrheiten, hat das Image nichts zu tun, aber es ist politisch wirksam.

Seit Mitte der 6oer-Jahre vollzog sich eine allmähliche Änderung, eine antizivilisatorische Rückentwicklung; in Deutschland, in Europa, in der Welt. Einige Stichworte zur Explosion der Gewalt seien genannt: In den USA brannten nicht nur die Ghettos der Schwarzen. Im und aus dem Nahen Osten tobte seit 1967 zunächst nur der weltlich-palästinensische, seit 1979 (Iran) und 2011 (Arabische Revolutionen) der fast gesamtislamistische Terror. Luftpiraterie wurde in den 1960ern im Verkehr zwischen Kuba und den USA, dann weltweit Alltag. Die mörderische Kulturrevolution der Volksrepublik China wurde in Deutschland und Westeuropa von der Neuen Linken ebenso verklärt wie die revolutionäre Gewalt von Che Guevara.

Nicht unter rechten Vorzeichen, sondern unter linken Vorzeichen begann der antizivilisatorische Rückfall in der westlichen Welt, also auch bei uns in Deutschland. Aber was ändern die Vorzeichen der Gewalt an der Gewalt? Was ändert der qualitative Wandel von der nichtideologischen zur ideologischen Gewalt? Für das Opfer nichts. Nichtstaatliche, gegen den Staat oder gegen bestimmte Gruppen und Personen gerichtete Gewalt wurde linksideologisch wieder legitimiert und schon bald von den alt-neuen Rechtsextremisten (Wehrsportgruppe Hoffmann, NSU) nur allzu gerne kopiert oder im »Geist« der Tradition fortgesetzt.

Der Damm ist gebrochen, erst in den Köpfen, dann auf der Straße. Von allen Seiten wird der zivilisierte Rechts- und Sozialstaat in die Zange genommen. Keineswegs nur in Deutschland. Immer feinsinniger wurden die akademischen Glasperlenspiele in Bezug auf die Gewalt. Sei sie »nur gegen Sachen« einzusetzen oder vielleicht doch auch »gegen Menschen«? Gegen Gewalt helfe nur Gewalt. Doch was sei Gewalt? Nur Mord und Totschlag? Nein, nein. An die »strukturelle Gewalt«, nicht zuletzt in Form wirtschaftlicher Abhängigkeit, sei in der westlichen Industriegesellschaft und in der von ihr beherrschten Welt zu denken. Immer klüger verwischte man auf diese Weise die Grenze zwischen wirklicher und vermeintlicher Gewalt. Was geschah? Unglaublich, aber wahr: Die wahre, physische Gewalt wurde nur zwei Jahrzehnte nach Auschwitz so verniedlicht und salonfähig. Unfähig wurde man auf diese Weise, wahre Gewalt zu erkennen und zu bekämpfen.

Plötzlich, 1990 bis 1993, seit dem 11. September 2001, NSU, Islamisten: Madrid 2004, London 2005, Paris 2015, Brüssel 2016. Nun war jedermann, jenseits akademischer Spielchen, klar, was Gewalt ist. Sie traf alle unerwartet. Die Zivilisation, der Staat, war darauf so wenig vorbereitet wie seine Bürger und rief sie durch Zivilcourage zu Hilfe.

Natürlich waren Staat(en) und Bürger auf die Wiederkehr der Gewalt nicht vorbereitet. Ihre Köpfe, ihre Werte und Bewertungen wurden total verdreht, also »revolutioniert«: Männer, die zuvor Gewalt angewendet (aber danach Friedensverträge geschlossen) hatten, erhielten internationale Friedenspreise: Israels Begin, auch Ägyptens Sadat, 1979 den Friedensnobelpreis, PLO-Führer Arafat, Israels Rabin und Peres 1994, UNO-Generalsekretär Kofi Anan 2001, obwohl er 1994 die eigentliche politische Verantwortung für den Völkermord an den Tutsis in Ruanda trug. Der Wahnsinn hat Methode, wenn man sich an den Friedensnobelpreis erinnert, den Henry Kissinger und Le Duc Tho 1973 dafür bekamen, dass der Indochina-Krieg danach weiter eskalieren durfte – ohne Amerikaner. Dem Chef des iranischen Geheimdienstes – er wurde verdächtigt, staatsterroristische Aktionen in Deutschland organisiert zu haben – wurde 1993 im deutschen Bundeskanzleramt quasi der Rote Teppich ausgelegt.Was Wunder, dass Peking 1993, nur vier Jahre nach dem Massaker auf dem »Platz des Himmlischen Friedens« beinahe und dann 2008 tatsächlich oder Putins Russland 2014 *die* »Friedensspiele« schlechthin, die Olympiade, bekamen?

In einer solch verrohten (Um-)Welt wird Gewaltlosigkeit zum politischen Werbeartikel. Das zivilisatorisch Selbstverständliche wird zur Sensation.

Der faktischen Gewalttätigkeit entspricht häufig die Verrohung der Sprache: Der anders Denkende und anders Handelnde wird (in Deutschland häufiger als woanders?) entweder als »Kommi«, »Sozi« oder »Nazi«, zumindest als »Schwein« bezeichnet. Ein bedeutender deutscher Dichter, für manche der bedeutendste, auch Nobelpreisträger, verunglimpfte Politiker von demokratischen, doch ihm fernstehenden Parteien als »Skinheads in Nadelstreifen«. Der Herausgeber einer großen deutschen Illustrierten warf Anfang der 90er-Jahre einem wenngleich umstrittenen Konservativen (Steffen Heitmann) vor, »verbale Brandsätze« zu legen. Wer ständig, zumindest gedanklich, seinen Gegner als Vernichter brandmarkt, darf sich nicht wundern, dass die andere Seite nicht anders handelt, in Wort, Tat und Untat.

Der Oberbürgermeister einer großen westdeutschen Stadt, der natürlich auch fast immer nur Nadelstreifen trug, beschimpfte Mitglieder seiner Partei, die ihm bei einer Personalentscheidung die Gefolgschaft verweigerten, als »Schweine«. Das Schwein als Nicht-Mensch. Wer hat die »Heuschrecken« Münteferings vergessen? Wir kennen die historischen Folgen dieser sprachlichen Brutalität aus der deutsch-jüdischen Geschichte: Aus dem mittelalterlichen »Judenschwein«, dem faktischen Nicht-Menschen, wurde der Untermensch, den man unmenschlich entmenschte, also ermordete. Politiker müssen lenken, doch dabei auch denken. Gedankenlosigkeiten können sie sich nicht leisten, denn folgenlos bleibt Politik, auch Wort-Politik, selten.

Konservative Demokraten oder auch sprachlich ungeschickte und politisch unerfahrene Bürger haben sich an die Beschimpfung »Faschisten« längst gewöhnt. Jüngst »Pegida«. Pauschal gelten alle diese Leute als Faschisten oder Rassisten oder »nur« Fremdenfeinde. Jeder, alle? Reiben sich die eindeutigen, wirklichen Faschisten nicht die Hände? Wenn Harmlose, Hirnlose, Ängstliche, Konservative und Vergleichbare nur als Faschisten oder Rechtsextremisten bezeichnet werden, gibt es für die wirklichen Faschisten und Rechtsaußen keinen passenden politischen Begriff mehr, denn rechter als rechtsaußen ist nichts.

Wer so die Rechtsextremisten bekämpft, begibt sich der politischen Mittel gegen sie. Das begriffliche und politische Pulver wird verschossen. Unwillentlich werden somit die sogenannten Antifaschisten zu unfreiwilligen Helfershelfern der wirklichen Faschisten. Lenin hätte von »nützlichen Idioten« gesprochen. Wer im Hauptstrom schwimmt, hält das (und sich selbst) für zivilcouragiert.

Die Ächtung wirkte, die Pegida-Demonstrationen verebbten erst mal. Der Flüchtlingsstrom schwoll 2015 dramatisch an. Wutbürger – verwirrt oder nicht, fehlgeleitet oder nicht, deutschnational oder nicht, aber jedenfalls nicht gewalttätig – demonstrierten nicht mehr. Nun aber attackierten knallharte Rechtsextremisten. Ein Flüchtlingsheim nach dem anderen setzen sie in Brand.

Man kann es auch anders sehen: dass die Demonstrierenden und Protestierenden die mörderisch Attackierenden bürgerlich unterfütternd legitimierten. Man kann, aber es gibt einen fundamentalen Unterschied: den zwischen Wort und Tat. Dem Wort kann eine Tat folgen, es beinhaltet die Möglichkeit, während die Tat eben Tatsache ist. Kritisieren, Demonstrieren, Protestieren, selbst ganz und gar inakzeptables Diskriminieren ist eben nicht Liquidieren.

Für den großen Unterschied zwischen Wort und Tat gibt

es ein anderes bemerkenswertes Beispiel. Gilt allein das Wort, so ist die Aufnahmebereitschaft von Flüchtlingen und Asylanten in wohlhabenden, oft linksalternativen Stadtteilen am größten. Zur Tat kommt es nicht, weil dort der Wohnraum voll und zudem für die öffentliche Hand nicht bezahlbar ist. Tatsächlich werden Flüchtlinge und Asylanten eher in untermittelständischen Gebieten untergebracht, richtiger: Sie werden dort hineingepfercht. Die betroffenen Einheimischen, ohnehin schon meist Skeptiker, werden noch skeptischer, ja, feindselig und extremistisch. Nicht alle, nicht die meisten, doch zu viele. Sie alle fühlen sich nicht nur von Neuankömmlingen (meist zu Unrecht) bedroht, sondern vom eigenen Staat (dessen Aufgabe es ist, sie als Staatsbürger zu schützen) im Stich gelassen.

Ohnehin am Rand der Gesellschaft lebend, bilden die gewalttätigen Extremisten immer mehr ihr eigenes Milieu, ihren eigenen Sumpf, in dem nicht der Gewaltlose Held ist, sondern der Gewalttätige als Herr über Leben und Tod der Neuankömmlinge sowie der (nichtaufständischen) anständigen Einheimischen. Jan Philipp Reemtsma spricht von der »Attraktivität mancher Gewaltmilieus«[1]. Diese sind von der zivilisierten, anständigen (ja, das Wort ist hier angebracht) Mehrheit abzugrenzen.

Man kann – was absurd wäre – den Spieß umdrehen und »den« Linken (wer immer sie seien) die Schuld an den Rechten bzw. Rechtsextremisten unterstellen. Nein, natürlich sind die Linken nicht schuld an den Rechten, noch weniger an den Verbrechen der Rechten. Aber legitimieren die Linken nicht unfreiwillig und höchst wirksam die rechtsextre-

---

1 Jan-Philipp Reemtsma, Gewalt als attraktive Lebensform betrachtet, in: Mittelweg 36, Heft 4/2015, S. 11.

mistisch Attackierenden, wenn sie diese mit den tumb und dumpf Protestierenden gleichsetzen? Wir kennen das Phänomen aus der deutschen Geschichte. In der Weimarer Republik haben Kommunisten die Sozialdemokratie als »Zwilling des Faschismus« diffamiert und auf diese Weise die wirklichen Faschisten entdämonisiert. Wenn schon die so artigen Sozialdemokraten Faschisten gewesen wären, konnten die tatsächlichen gar nicht so schlimm sein. Doch die Rechtsextremisten profitierten (und profitieren) nicht nur von den »nützlichen Idioten« der Linken, sondern auch von den »nützlichen Idioten« auf der rechtskonservativen Seite. Man denke an Hugenberg und von Papen, die 1933 meinten, Hitler & Co »einrahmen«, also in Schach halten zu können, an die spießbürgerliche Stammtischrechte heute. Da sitzen die Schafe und blöken Ausländerfeindliches. Die opportunistisch gestylten Rechtsextremisten umwickeln sich mit dem Schafspelz, mimen Verfassungstreue, organisieren ganz legale Parteien und schicken zunächst die heulenden und beißenden Wölfe vor. Wie 1932: Hitler, in feinstem Garn, umgarnte im Industrieklub die Wirtschaftskapitäne, und die SA mordete auf der Straße. Alles auf dem Boden der Verfassung.

Verdrossenheit allenthalben, Auflösungserscheinungen und Glaubwürdigkeitslücken überall. Die Institutionen unserer Zivilisation verfügen über immer weniger Legitimation, also innere Zustimmung der Bürger. Das gilt für die Parlamente ebenso wie für Regierung und Opposition, für die Parteien, Kirchen, Gewerkschaften, Industrieverbände, Schulen und Universitäten, die Welt der Kunst, die längst ebenfalls vom Kommerz bestimmt wird. Das gilt auch für die Medien, die gerne mit dem Finger auf die anderen zeigen, und das gilt erst recht für das Fundament der zivilisierten Gesellschaft: für die Familie. Zwischen aufgelösten Familienverbänden und Kriminalität besteht ein starker Zusammenhang. Traurigen, tragischen Anschauungsunterricht liefern die Schwarzen in den USA, die Braunen bei uns in Deutschland und Europa.

Die völlig unzureichende Bewältigung der roten Vergangenheit ist zudem ein Rechtfertigungsschub für die alt-neuen Braunen. Ost- und westdeutsche Spitzenpolitiker oder Kirchenleute, die wie auch immer im SED- oder Stasinetz verstrickt waren, sind als moralische Instanz völlig unglaubwürdig. Moralische Instanzen aber brauchen wir in dieser unmoralischen Zeit unbedingt. Akteure, die Wasser predigen und Wein trinken, können Staat und Gesellschaft oder Gemeinschaft nicht glaubwürdig und deshalb nicht wirksam steuern. Sie werden auf diese Weise zu unfreiwilligen Helfern von Gewalttätern jedweder Art und Farbe. Die selbstverschuldete Moral- und Funktionslücke lassen sie dann durch die Bürger schließen, nennen das hochmoralisch geladen »Zivilcourage« und gefährden die Bürger, die sie eigentlich schützen müssten.

Die Krise der Institutionen der Zivilisation ist die Krise der Zivilisation selbst, und in der Krise der Zivilisation, in Wahrheit eine vielfache Revolution, ist Gewalt entfesselt.

Gefesselt werden könnte die Gewalt durch die Polizei. Instrumentell, nicht ideell könnte gesellschaftliche Gewalt durch die Polizei eingedämmt werden. Durch eine Notbremse sozusagen. Hierbei hat das heutige, demokratische Deutschland aus höchst einsehbaren, ehrenwerten und historisch offenkundigen, aber auch aus wohlfahrtsstaatlichen Gründen erhebliche Schwierigkeiten. Nach den nationalsozialistischen und kommunistischen Polizei- und Gewaltstaaten, in denen es den Bürgern wahrlich nicht wohl erging, verspüren die meisten Deutschen aus gutem Doppelgrund keine Neigung, die Polizei und andere Sicherheitsorgane zu stärken. Es gibt noch einen dritten Grund: die politische Kultur der 1968er. Sie hat aus der Polizei, dem einstigen »Freund und Helfer« (den Begriff prägte 1926 der SPD-Politiker Albert Grzesinski), »Bullen« gemacht. Falsch oder richtig. Das ist nicht die Frage. Es ist Tatsache. Nicht grundlos also wurde die deutsche Polizei zahnlos gemacht. Nun soll sie beißen, zuschnappen und zupacken, doch ihr Biss ist matt, denn seit 1945 hat die Mehrheit »der« Deutschen staatliche Gewalt satt. Einerseits zu Recht, andererseits dürfte man erwarten, dass zwischen dem NS- oder DDR-»Sicherheitsapparat« und dem bundesdeutschen normative Lichtjahre sind.

Den Schwarzen Peter bekommt vor allem die Polizei immer wieder zugeschoben. Wer soll sich da noch über mangelnde Motivierung und mangelnden Nachwuchs an Polizisten wundern? Sie fühlen sich von Politik, Gesellschaft und Medien im Stich gelassen. Zu Recht.

»Wasch mir den Pelz und mach mich nicht nass.« Das ist der Deutschen Verhältnis zu Polizei und staatlichen Sicherheitsbehörden ganz allgemein. Beschimpft werden sie, beschützen sollen sie.

Wo und wenn das zivilisatorische Gewaltmonopol des Staates zerbröselt, wächst die Gefahr, dass Einzelne oder Gruppen das vermeintliche Recht selbst in die Hand nehmen. Weiter und zu Ende gedacht führt die außerparlamentarische Konfliktregelung zurück in den Bürgerkrieg.

Die fünffache Revolution ist in Europa und Deutschland schwer zu steuern. Der gesellschaftliche, politische, nationale, wirtschaftliche und kulturelle Wandel ist fundamental.

Er ist national und international. Wenn er aber menschlich bleiben und das Leben von In- und Ausländern sichern soll, müssen wir zumindest instrumentell kurzfristig, hier und heute, national und international, die terroristische oder expansionistische Gewalt von Einzelnen durch das demokratisch legitimierte Gewaltmonopol des Staates und der Staatengemeinschaft verhindern. Sonst droht uns der totale zivilisatorische Rückfall.

Und langfristig? Langfristig ist gegen den antizivilisatorischen Rückfall eine Rückbesinnung auf die Grundlagen der Zivilisation notwendig. Ist es jetzt fünf Minuten vor zwölf oder fünf Minuten nach zwölf?

III Zivilität statt Zivilcourage

Bürgerhilfe, »Zivilhilfe«, also die Hilfe der eigenen Cives =
Bürger, nimmt ein Staat – der Staat, jeder Staat, auch unser
Staat – selbstverständlich in Anspruch. Zum Beispiel bei
der Verbrecherfahndung. Das ist sowohl in national einheitlichen als auch in multinationalen Gesellschaften kein
Krisensymptom, sondern funktional ebenso sinnvoll wie
notwendig. Aufrufe dieser Art stiften unausgesprochen Gemeinsamkeit und Gemeinschaft: die Gemeinschaft der
Unbescholtenen oder der (ja, hier passt es) Anständigen.
»Bullen« hin, »Bullen« her, sogar mit der fahndenden Polizei wird ein Wir-Gefühl der gemeinschaftlich gefühlt »anständigen« Bürger gestiftet. Das – wiederum unausgesprochene – Lebensgefühl, der unausgesprochene Wertmaßstab
heißt *Zivilität*, also das, was die Bürger für anständig halten,
gilt und gelte ungebrochen weiter. Das genau wolle und
müsse man gemeinsam aufrechterhalten. Schichtenübergrei-
fend, herkunftsübergreifend, bildungsübergreifend – eben
die große Gemeinsamkeit der Bürger über alles Trennende
hinaus; das Elementare im Alltag, ohne dessen Einhaltung
jeder gegen jeden kämpfte, der Mensch des Menschen Wolf
wäre. Für diese Zivilität, diese Werte-Gemeinsamkeit aller
Bürger, setze man sich ein, sofern man könne. Man wolle –

das wird dabei vorausgesetzt. Bürgermut, Zivilcourage braucht man dafür nicht. Eher könnte man von einer Art Arbeitsteilung sprechen. Von einem »Aufstand der Anständigen« ist das Lichtjahre entfernt.

»Zivilität«: Im schlauen Duden werden zuerst zwei bedeutungsähnliche Wörter (Synonyme) genannt: Höflichkeit und Anstand. Anstand? Diese Wortbedeutung kann man gelten lassen, wenngleich sie vergleichsweise eng gefasst ist. Höflichkeit als Wortbedeutung für Zivilität führt allerdings historisch-soziologisch-normativ in die Irre. Höflichkeit verweist auf den Hof, also auf die Adelsgesellschaft, nicht die Bürgergesellschaft.

Richtig, bestimmte höfische Tugenden hat die bürgerliche Gesellschaft in ihren beanspruchten Wertekanon übernommen. Anspruch und Wirklichkeit dürften einander so wenig wie in der höfischen, so auch in der bürgerlichen Gesellschaft entsprochen haben. Trotzdem (oder gerade deshalb) galt der Anspruch auf Höf-lichkeit auch in der bürgerlichen Gesellschaft als Norm. Sie gehörte nach Überwindung der Aristokratie von Anfang an auch zur Bourgeoisie. Die so verstandene Art der Zivilität war in der Tradition der Adelsgesellschaft Teil der normativen Identität und Qualität der bürgerlichen Gesellschaft. Sie war – und darauf kommt es an – Selbstverständlichkeit. Zumindest nach außen.

Zivilcourage bedeutet nicht zuletzt Mut (Courage) zur Zivilität. Wenn eine Bürger-Gesellschaft dieses Stadium erreicht und die staatlichen Institutionen oder Personen an die Zivilcourage ihrer Bürger appellieren, ist »etwas faul im Staate«. Es sei ohne Sirup oder andere Süßstoffe gesagt: Der Aufruf des Staates an die Zivilcourage seiner Bürger ist, auch aus dieser Perspektive, ein Alarmsignal.

Es ist dieses Eingeständnis des Staates: Staat und Gesellschaft haben sich auseinanderentwickelt, passen nicht mehr zueinander. Die Grundwerte des einen sind nicht (mehr) die Grundwerte des anderen. Nochmals zur Erinnerung Bert Brecht: »Unglücklich das Land, das Helden nötig hat.« Zivilität ist gefordert. Sie ist die Grundlage einer menschlichen Gesellschaft. Zivilität statt Zivilcourage. Darauf kommt es an. Im einheitlichen ebenso wie im bestehenden und erst recht im entstehenden Vielvölkerstaat. Dass der entstehende Vielvölkerstaat einer demografischen Revolution und anderen, aus dieser abgeleiteten, gleichkommt, habe ich zu erklären versucht. Kaum eine Revolution verlief so samten-unblutig wie die deutsche oder tschechoslowakische Revolution von 1989/90. Deshalb bedarf es gerade in revolutionären Zeiten der Zivilität. Zivilität sei die Maxime. Ohne Zivilität keine Menschlichkeit, sondern Blutvergießen.

Politik ist ein Steuerungsvorgang. Wer oder was wird gesteuert? Das Staatsschiff. Wer steuert das Staatsschiff? Die Staatslenker. Wer vor oder beim Lenken das Denken vergisst, verfehlt das politische Ziel. Staatslenker, die denkträge und gefühlsmächtig in aufgeheizten Situationen die Bürger zu Zivilcourage aufrufen, gießen Öl ins Feuer, das, zu Ende gedacht, in einen Bürgerkrieg münden kann. Jeder gegen jeden. Zumindest Gruppe A gegen Gruppe B und so weiter. Vorsichtiger und immer noch recht stark ausgedrückt: Der Staat lässt seine Bürger im Stich.

Gleichzeitig beobachten wir das umgekehrte Phänomen: Der Bürger lässt, die Bürger (männlich plus weiblich, also geschlechtsunabhängig) lassen den Staat im Stich. Sich staatlichen Gemeinschaftsaufgaben zu entziehen, ist eher schick als unschicklich. Der lange ungefährliche Volkssport Steuerhinterziehung muss in diesem Zusammenhang gesehen werden und, solange sie galt, natürlich die allgemeine

Wehrpflicht. Nichts war an ihrem faktischen (nicht rechtlichen) Ende allgemein. Wer »zum Bund« ging, galt als Esel, Militarist, Raufbold, Rambo oder Reaktionär, gar verdeckter oder offener Nazi. Wer hat am Ende der Wehrpflicht diese aus Überzeugung noch als Dienst des Einzelnen an der Allgemeinheit verstanden?

Wieder sei wider Verallgemeinerungen argumentiert. Der Einzelne, genauer: viele, nicht alle Bürger entziehen sich zwar staatlichen, nicht aber bürgerlichen Gemeinschaftsaufgaben. Ganz im Gegenteil. Die Zahl ehrenamtlich Tätiger steigt rasant. Mitmachen, Mithelfen gilt und gehört zum guten Bürgerton. Gerade während der Hochphase der gegenwärtigen demografischen Revolution, 2015, als die Völkerwanderung Deutschland hunderttausendfach erreichte, gab es eine nicht enden wollende Hilfsbereitschaft. ManN und Frau warteten nicht auf »den Staat«, sie krempelten die Ärmel hoch und packten selbst an. Sie lenkten Aktionen und schenkten den Zuwanderern dies und das. Eindrucksvoll, warmherzig und barmherzig. Das muss kein Strohfeuer sein. Es dürfte aber eines werden, denn Einzelbürger oder Bürgergruppen sind in der Regel eher kurzfristige, aktionsbezogene Zusammenschlüsse. Es fehlt ihnen die Maschinerie einer Organisation oder Institution, also Dauerhaftigkeit. Bürger kommen und gehen, der Staat bleibt und bleibt somit funktional unersetzlich. Er schwächt sich selbst oder schafft sich ab, wenn die Staatslenker gedankenlos und strategiefrei heute dieses und morgen jenes machen oder »Zivilcourage!« rufen.

Der Staat verkörpert nicht mehr das Allgemeine, weil es das Allgemeine als Allgemeines, Zivilität eben, nicht (mehr) gibt. Die Gesellschaft ist atomisiert, in ihre Einzelbestandteile zerlegt. Der Staat ist die Summe seiner Teile. Der Staat ist Ergebnis von Addition, nicht Identifikation. Seine Bürger (cives) sind eine formale, keine inhalts- oder verhaltensbestimmte Gemeinschaft. Es wäre vermessen, diese Entwicklung auf die Zu- und Völkerwanderungen seit 1961 (der ersten »Gastarbeiter«welle aus der Türkei) zurückzuführen. Die deutsche Allerweltsbegründung für Miss- und Mist-Stände, der Nationalsozialismus, erklärt manches, doch nicht alles. Man wird es vielleicht so beschreiben können: In der ersten Hälfte des 20. Jahrhunderts hatte der deutsche Bürger für den Staat zu leben – und notfalls zu sterben, jedenfalls da zu sein. Zweimal wurde er als Kanonenfutter brutal missbraucht. Was Wunder, dass nach 1945 der Bürger zuerst und vor allem für sich selbst und weniger oder gar nicht mehr für den Staat da sein, leben wollte?

Halten wir fest: Der Staat ist nicht mehr (war er es jemals?) die Zusammenführung der Einzelteile zum großen Ganzen, zum Allgemeinen. Das festzustellen, gleicht nicht der ewig nostalgischen Klage über das einmal mehr untergegangene Abendland. Es ist eine sachliche, nüchterne Feststellung.

Was also *ist* der Staat? Genauer: Was kann er heute noch sein? Heute, nicht immerdar. Was *ist* der Staat bedeutet, auch nicht indirekt, was *sei* der Staat. Zwischen Analyse und Norm sei unterschieden.

Zunächst und vor allem war und ist der Staat teilweise immer noch, wenngleich immer weniger, eine *zufallsbedingte Geburtsraumgemeinschaft.* Man wird, dem Zufall sei Dank oder Undank, in eine kleinere oder größere Bezugsgruppe hineingeboren. »Geboren«, lateinisch: natus, das ist das Stichwort. Es führt zum Begriff der Nation. Die Summe der Addition der in einem klar bestimmten Raum (»Staat«) Geborenen ist die Nation.

Nation und Volk können identisch sein, sind es jedoch nicht immer. Der Begriff »Volk« enthält eher eine je zu bestimmende biologische, ethnische Dimension. Auf Deutschland bezogen: Das Neugeborene altdeutscher Eltern, deren Vorfahren seit langem in Deutschland leben, gehört zufallsbedingt der deutschen Nation und dem deutschen Volk, der deutschen (Entschuldigung, es geht sachlich nicht anders!) »Volksgemeinschaft« an. Das Neugeborene neudeutscher Eltern ist Teil der deutschen Nation, doch nicht des deutschen Volkes.

Als Sohn deutsch-jüdischer Eltern bin ich 1947 in Tel Aviv geboren. Das war damals »Palästina«. Ich wurde als Teil der Nation Palästina geboren und gehörte automatisch zum Jüdischen Volk. Britisch-Palästina wurde 1948 der Jüdische Staat Israel. Mein Geburtsraum hatte sich nicht geändert, aber sein Name. Ich wurde Israeli, obwohl nicht hineingeborener Israeli.

Der heute in Deutschland geborene Achmed Hussein, Sohn arabischer Eltern, gehört zur deutschen Nation, aber zum Volk der Araber.

Achmeds Eltern und ich sind deutsche Staatsbürger. Weder sie noch ich gehören zur deutschen Nation oder zum deutschen Volk – aber wir sind Deutsche. Ich bin gerne Deutscher, die Eltern Hussein hoffentlich auch. Diese beiden Mini-Beispiele skizzieren das Bild vom Vielvölkerstaat Deutschland.

Um unter sich zu bleiben, strebt ein Volk, strebt eine Nation, in der Regel nach dem eigenen Staat: dem Nationalstaat. Die in diesem Raum Geborenen kommunizieren gewohnheitsmäßig sprachlich, politisch, ja, in ihrem Alltag eigentlich in jeder Hinsicht, untereinander intensiver als mit Menschen, die in anderen Räumen leben oder die ihrerseits zufällig in anderen Räumen bzw. Staaten geboren wurden. Deshalb ist die Definition (Begriffsbestimmung) einer Nation als »Kommunikationsgemeinschaft« (Karl W. Deutsch) nicht nur zutreffend, sondern absolut zutreffend. Achmeds Eltern (wie dann der erwachsene Achmed) und ich gehören zur deutschen Nation im Sinne der Kommunikationsgemeinschaft Deutschland – aber eben nicht zum deutschen Volk.

Außer der Geburtsraumgemeinschaft gibt es im selben Raum bzw. Staat oder Gemeinwesen wie und woher auch immer Zugewanderte, Mitbewohner, Hineingeholte, Hineingeflüchtete, Hineingeraubte, Hineingekaufte. Die Unfreien waren Sklaven, die Freien »Fremde«. So wurden sie in der griechischen und biblisch-jüdischen Antike von der Geburtsraumgemeinschaft genannt. Anders als die zur Nation gehörenden Einwohner waren sie nur Teil der Raum-, nicht jedoch der Bürgergemeinschaft. Mitbestimmen konnten und durften sie nicht. Die altjüdische, alttestamentliche Gemeinschaft war den Fremden gegenüber offener als die altgriechische, sogar die athenische: »Wenn bei dir ein Fremder in eurem Land lebt, sollt ihr ihn nicht unterdrücken« (Leviticus 19,33). »Der Fremde, der sich bei euch aufhält, soll euch wie ein Einheimischer gelten, und du sollst ihn lieben wie dich selbst; denn ihr seid selbst Fremde in Ägypten gewesen« (Leviticus, 19, 34). Oder: »Gleiches Recht soll bei euch für den Fremden wie für den Einheimischen gelten« (Leviticus 24, 22). Wer vom jüdisch-christlichen Abendland spricht, kann diese Gebote schwerlich missachten oder verachten.

Das alles ist scheinbar uralt, tatsächlich gegenwartsbezogen. Der Staat wird hier letztlich nicht als einheitliche Nation betrachtet, sondern als die Addition verschiedener Nationen. Die »Leitkultur« (!) ist zwar durch die einheimische Geburtsnation, die ursprüngliche bzw. primäre Kommunikationsgemeinschaft, geprägt, aber es wird nicht nur Zivilität, sondern Fremdenliebe erwartet. Sie habe individuell und kollektiv so innig zu sein wie zur eigenen Person und Nation. Was für ein Anspruch. Die altjüdische Gemeinschaft hat ihn so wenig eingelöst wie andere alte Nationen. Auch in der Gegenwart richtet sich die neujüdisch-israelische, deutsche, europäische oder jede andere Nation, wenn überhaupt, im Wort mehr als in der Tat nach jener Maxime.

Von einer ursprünglichen Interessengemeinschaft kann bei einem Staat zunächst keine Rede sein. Zufall ist Zufall, kein gleiches Interesse. Der Gedanke einer Vertragsgemeinschaft bzw. eines Gesellschaftsvertrags (Jean-Jacques Rousseau) ist ein Gespinst gebildeter Hirne. Ein Wunsch, nicht Wirklichkeit; Fiktion, nicht Fakt.

Im individuellen und kollektiven Alltag entstehen allerdings innerhalb derselben Kommunikationsgemeinschaft, derselben Einwohnerschaft bzw. der Gesamtheit der Alt-Bürger, Neu-Bürger und Nur-Mitbewohner, entweder gemeinsame oder auch ganz und gar unterschiedliche, einander feindliche Interessen. Durch und wegen der Kommunikation in ein und derselben Raum- und Lebensgemeinschaft kann sowohl Polarisierung als auch Harmonisierung der Interessen entstehen. Umstands- und steuerungsbedingt kann nach innen und außen, nach innen oder außen sowohl ein Wir- als auch ein Wir-Die-Gefühl entstehen, Konsens, Kompromiss oder Konfrontation.

Eine Raum- und Lebensgemeinschaft braucht Schutz. Nach innen und außen. Sie braucht einen Staat. Ihren Staat. Der Seinsgrund des Staates ist, neben der Sicherung des

»Brotes«, also der Alltags-Grundversorgung, der Schutz nach innen und außen.

So wurde der Staat zur Schutzgemeinschaft, denn ohne seine Bürger kann der Staat nicht Schutzgemeinschaft sein. Der Staat hat(te) die Schutz-, die meist männlichen Bürger die Wehrpflicht. Ein Staat ohne Bürger-Wehrpflicht kaufte Kämpfer für Geld bzw. Sold, also Soldaten. Diese Söldner schützten den Staat nach außen. Nach innen ist es heute Aufgabe der Polizei. Jene Söldner erbrachten eine bezahlte Dienstleistung und standen außerhalb der nationalen bzw. »Volks«gemeinschaft. Sie schützten das Volk bzw. die Nation. Diese war keine Schutzgemeinschaft, denn Schutz war keine Gemeinschaftsaufgabe. Ergo kann ein Staat Schutzgemeinschaft sein. Er war und ist es nicht immer. Etwa ein Drittel der Streitkräfte der Vereinigten Arabischen Emirate (VAE) besteht aus Söldnern. Folglich sind die VAE nur bedingt eine Schutzgemeinschaft.

Das Anliegen der VAE-Bürger ist der Schutz ihres alltäglichen Rechts-, Regel- und Lebensraumes. Das ist ihr gemeinschaftliches Interesse. Eine Schutzgemeinschaft sind sie nur bedingt. Übrigens auch Deutschland. Zwar sind (noch?) alle Angehörigen der Bundeswehr deutsche Staatsbürger (nicht alle gehören zum deutschen Volk oder zur deutschen Nation), aber seit der faktischen Aufhebung der Wehrpflicht sind Pass-Deutsche keine Schutzgemeinschaft mehr. Auch bei uns ist der Schutz des Staates keine Gemeinschaftsaufgabe, sondern bezahlte Dienstleistung. Nebenbei: Das ist durchaus logisch, denn der Schutz nach innen (Polizei) war stets (bezahlter) Beruf, der Schutz nach außen (Wehrdienst) barg tödliche Risiken, die finanziell nicht honoriert wurden, sieht man vom kümmerlichen Wehrsold ab. Ideell wurde der Dienst am Vaterland dafür umso wort- und phrasenreicher honoriert. Honoriert im Sinne von »geehrt« oder »gewürdigt«, nicht im Sinne von »bezahlt«.

Je zahlreicher die Kommunikationsgemeinschaften, desto größer die Wahrscheinlichkeit des Zusammenstoßens und Auseinanderbrechens, von »Clash und Crash«, zwischen und innerhalb der einzelnen Kommunikationsgemeinschaften des Staates. Von einer einzigen Überlieferungs-, Sprach-, Kultur-, Religions-, Partizipations-, Schicksals- oder gar Wertegemeinschaft kann ebenfalls keine oder nur sehr bedingt die Rede sein. Noch weniger in der Ära einer demografischen Revolution, also in unserer Zeit.

Auch ohne Völkerwanderung und Vielvölkerstaat konnte man doch – abgesehen von der einen, gemeinsamen Sprache – auch im Nationalstaat nicht ernsthaft von echter Gemeinsamkeit oder Gemeinschaft sprechen. Vielfältig und vielschichtig waren und sind die Brüche. Wählen wir ein ferner liegendes, nichtdeutsches Beispiel: Israel, den Jüdischen Staat. Die nichtjüdische, besonders die islamisch-arabische Welt (und nicht nur die) sieht hier Juden, dort Araber. Basta. Tatsächlich sind innerhalb jeder der beiden Teilgruppen die Unterschiede dramatisch und teils sogar gewaltig im Sinne von gewalttätig. Was hat der kiffende, a- oder antireligiöse jüdische, doch zionistische Student aus Tel Aviv mit dem ultraorthodoxen, antizionistischen Juden aus dem Jerusalemer Stadtteil Mea Schearim gemeinsam – außer dem formalen Judentum? Nichts. Oder doch? Die Zugehörigkeit zur jüdischen Schicksalsgemeinschaft – bezogen auf die Vergangenheit. Bezogen auf die Gegenwart verteidigt jener Student sein Land, während der Ultraorthodoxe den Jüdischen Staat »zum Teufel« wünscht, solange der Messias noch nicht eingetroffen ist. Und doch, lehrt die Geschichte, wurden in der Vergangenheit sowohl ultraorthodoxe als auch welt-

lich-zionistische Juden in Palästina/Israel regelrecht abge-
schlachtet. Der Säkulare und der Ultraorthodoxe wurden in
ihre Gemeinschaft, in ihre »Nation« hineingeboren und gehören deshalb zum selben Volk, zur selben (nochmals Entschuldigung) »Volksgemeinschaft«.

Der heutige Staat, auch und gerade Deutschland, ist nicht
mehr nur Nation, nur ein Volk, sondern ein Vielvölkerstaat.
Hier ist der Zusammenhalt noch schwieriger als im ideal-
typischen (also nur in der Vorstellung bestehenden) Nationalstaat. Dann sind Regeln mehr denn je notwendig. Wie im
Sport. Fußball ist kein Handball, und die jeweils unterschiedlich harten Fouls werden unterschiedlich hart geahn-
det. Ohne Regeln keine Gemeinschaft, nur Chaos.

Diese Regeln werden wie auch immer vom Staat als Institution bestimmt. Der *Staat* ist demnach keineswegs mehr
(wenn er es denn je gewesen sein sollte) eine Gemeinschaft.
Er ist auch längst nicht mehr der exklusive, sondern nur
noch der intensive, der intensivste Kommunikationsraum
seiner Bewohner. Der Staat ist heute meistens ein geogra-
fisch klar umgrenzter *Lebens-, Rechts-, Regel- und Gesetzes-
raum.*

Ist also der moderne Staat nur noch die Addition seiner
Funktionen sowie seiner Einzelteile ohne jede Kohäsion
(= Zusammenhalt)? Machen wir uns nichts vor, die Kohäsion und Tradition von Staaten beruht seit jeher auf manch
einer Illusion und Fiktion. Politische Binde- bzw. Klebemit-
tel mussten und müssen sein. Ohne sie kann offenbar kein
Gemeinwesen gesteuert und zusammengehalten werden.
Ob Fiktion oder Fakt, nur jene halten sie intakt. Das ist die
eine Seite.

Die andere sieht so aus: Recht, Regeln und Gesetze sind Ausfluss bestimmter Werte, Willen und Wünsche. Diese sind weder absolut noch zeitlos gültig oder allgemein anerkannt. Sie werden – im besten Falle – demokratisch, also durch Mehrheiten bestimmt und gegebenenfalls verändert. Sie schützen im Idealfall die Minderheiten.

Das bedeutet: Die Durchsetzung der Regeln ist eine Machtfrage. Somit ist der Staat ein *Machtraum*. Die Durchsetzungsmacht hat – gemäß dem derzeit (noch?) gültigen Grundgedanken – allein der Staat bzw. dessen (bei uns) demokratisch beauftragte Amtsträger und Institutionen. Dafür braucht der Staat – zum Schutz seiner Bürger und Bewohner – das Gewaltmonopol.

Wenn der Staat zur Durchsetzung dieser Macht seine Bürger braucht, ja, im »Aufstand (!) der Anständigen« oder im Namen von A, B bis Z einfordert, fehlt ihm, im National-ebenso wie im Vielvölkerstaat, das Entscheidende: das Gewaltmonopol. Der Staat nennt sich Staat, ist aber keiner mehr. Als Vielvölkerstaat zerbröselt er dann noch mehr und schneller denn als Nationalstaat. Nur in der Heftigkeit und Schnelligkeit des Zerfalls unterscheiden sich dann National- und Vielvölkerstaat.

Der Kaiser ist nackt, die vermeintlichen neuen Kleider gibt es nicht. Der Staat oder – im Märchen von ›Des Kaisers neue Kleider‹ bleibend – der Kaiser sieht das nicht. Keiner sagt es. Nur der kleine Junge. In diesem Buch habe ich, wie dieser kleine Junge, versucht, das Wirkliche zu erkennen, dann zu benennen und weiterzudenken.